RONALDO LIDÓRIO

IGREJA VIVA

BUSCANDO EM CRISTO O
FORTALECIMENTO ESPIRITUAL

Copyright © 2023 por Ronaldo Lidório

Todos os direitos reservados por:
Editora Kingdom Words

Coordenação editorial: Vivianne Lidório Lawall
Consultoria editorial: Egleson Costa
Revisão: André Elias Lawall
Projeto gráfico: Fabiana Andrade
Diagramação: Manoel Ricardo B. Menezes
Capa: Rafael Brum

Dados Internacionais de Catalogação na Publicação (CIP)
(Câmara Brasileira do Livro, SP, Brasil)

```
Lidório, Ronaldo
  Igreja viva: buscando em Cristo o fortalecimento
espiritual / Ronaldo Lidório; coordenação editorial
Viviane Lidório Lawall. -- Manaus, AM : Kingdom
Words, 2023.

  ISBN 978-65-981500-0-6

  1. Moral cristã e teologia devocional
  2. Cristianismo
  3. Espiritualidade
  4. Missão cristã I. Lawall, Viviane Lidório. II. Título.
23-174746                                        23-174746
```

Índices para catálogo sistemático:

1. Missão cristã: Cristianismo   266

Tábata Alves da Silva - Bibliotecária - CRB-8/9253

*Proibida a reprodução total ou parcial por quaisquer meios,
a não ser em citações breves, com indicação da fonte.*

Publicações Pão Diário
Caixa Postal 9740, 82620-981
Curitiba/PR, Brasil
publicacoes@paodiario.org
www.publicacoespaodiario.com.br
Telefone: (41) 3257-4028

Editora Kingdom Words
São Paulo/SP, Brasil
atendimento@editorakingdomwords.com.br
www.editorakingdomwords.com.br
Telefone: (11) 99332-5864

1.ª edição: 2023 • 2.ª impressão: 2024

Impresso no Brasil

À Rossana, minha amada, preciosa e sábia esposa, com a qual tenho o privilégio de partilhar alegrias e desafios ao longo de toda a vida.

Prefácio

Que alegria prefaciar esta preciosa obra, Igreja Viva - Buscando em Cristo o fortalecimento espiritual - de Ronaldo Lidório! Os motivos eloquentes desse entusiasmo decorrem de várias razões, que passo a elencar:

Em primeiro lugar, a vida do autor recomenda a sua obra. Sem desmerecer outros servos do Altíssimo, Ronaldo é um dos missionários mais relevantes em nossa geração. Sua inegável humildade, aliado ao coração quebrantado, reconhecem-no como um desbravador do nosso tempo. Notoriamente, sua vida ilibada recomenda sua obra, seu testemunho é avalista de seus escritos, bem como seu caráter provado e seu exemplo de vida realçam o interesse para este estimável livro. Também percebo que seu conhecimento das línguas originais clareia seu pensamento. Sua experiência no campo missionário coopera com nosso entendimento dessa imperativa, intransferível e impostergável missão da igreja.

Em segundo lugar, esta obra é assaz relevante, pois traz a lume conceitos profundos do que significa ser uma igreja viva. Em tempos em que a igreja é ameaçada pelo liberalismo teológico de um lado e pelo sincretismo religioso de outro, este livro chega como uma trombeta a soar, convocando-nos para uma volta para Deus e um retorno à sua Palavra. Os conceitos compartilhados ao longo destas páginas não emanam da criatividade do escritor, todavia emergem das Sagradas Escrituras, fonte de todo saber espiritual.

Em terceiro lugar, esta obra está recheada de ricos *insights* exegéticos que trazem luz ao nosso entendimento. Dotado por Deus de um vasto conhecimento das línguas originais, o autor percorre com desenvoltura invulgar os corredores do conhecimento do texto original, oferecendo-nos lampejos importantes para profunda compreensão das Escrituras.

Em quarto lugar, este livro será uma ferramenta poderosa para ajudar pastores, líderes, crentes maduros na fé e crentes neófitos a lutarem por uma igreja viva, cheia do Espírito Santo, que conheça a Deus, ame-o e realize a sua obra enquanto é tempo.

Meu coração foi despertado ao ler cada uma das seguintes páginas e estou certo de que você, também, será profundamente edificado com esta leitura!

Deus abençoe você!

— Hernandes Dias Lopes

Sumário

Introdução	9
Capítulo 1 – A IGREJA	13
Raça eleita	14
Sacerdócio real	15
Nação santa	17
Povo de propriedade exclusiva	20
Povo com uma missão	21
Redimidos	24
Abençoados	25
Ame a sua igreja	27
Capítulo 2 – O PERIGO	33
Três erros	34
O grande perigo	37
Capítulo 3 – AS MARCAS	49
Em Cristo	51
Com Cristo	53

Por Cristo	54
As marcas do Sacerdote	55
As marcas da igreja	66

Capítulo 4 – A MISSÃO — 83
- Missão geral e específica — 84
- A missão será cumprida — 89
- A presente sociedade — 94

Capítulo 5 – OS SOFRIMENTOS — 101
- Diferentes igrejas sofrem de diferentes maneiras — 102
- Cada fase traz seus próprios desafios — 109
- O Senhor deseja que as igrejas sejam fortalecidas — 112

Capítulo 6 – SETE PRÁTICAS ESPIRITUAIS — 115
- Práticas de fortalecimento espiritual — 116

Capítulo 7 – O FORTALECIMENTO — 135
- Ensinar, orar, pastorear e mobilizar — 136

Últimas Palavras — 149

Referências — 153

Apêndice 1 – FASES DE UMA IGREJA LOCAL — 155

Apêndice 2 – AVALIAÇÃO DA IGREJA LOCAL — 159
- Três perigos — 159
- Formando um grupo de avaliação — 161
- O processo de avaliação — 163
- Um breve estudo de caso — 168
- O fortalecimento — 171
- O plano de ação — 172

Introdução

Escrevo este livro na expectativa de colaborar com aqueles que amam Jesus e sua igreja. Sobretudo, dedico aos que desejam ver suas igrejas fortalecidas em Cristo, a começar de seus próprios corações.

A realidade de muitos é lidar com igrejas em sofrimento, em colapso, em divisão, sem norte ou mesmo, em severo desânimo. Dessa forma, gostaria de propor uma abordagem bíblica para discernir a raiz dos problemas, bem como discernir como andar em fé, a fim de mudar esse cenário, com vistas ao crescimento e maturidade em Jesus Cristo.

Tive o privilégio de trabalhar por três décadas com o plantio de igrejas e também interagi com plantadores de igrejas em diferentes realidades ao longo deste tempo. Percebi que um dos principais desafios é lidar com uma igreja que está sofrendo. Assim, minha intenção é tentar responder apenas à uma pergunta: como ajudar uma igreja local a crescer de forma madura em Cristo Jesus?

O livro está dividido em três partes. A primeira contém posicionamentos teológicos sobre a igreja, sua natureza e propósito, aspectos fundamentais que baseiam o que cremos nas Sagradas Escrituras. Sem dúvida, a nossa confissão de fé guia a nossa vida em fé.

Na segunda parte, abordarei um itinerário bíblico para avaliar uma igreja local. É crucial termos uma visão bíblica e prática dos pontos de sofrimento e adoecimento antes de propormos um caminho de cura.

Na última parte, apresentarei um modelo apostólico Paulino, que busca compreender os desafios existentes e colaborar para que a igreja floresça, na dependência do Senhor e para a sua glória.

Antes de seguir nas próximas páginas, eu convido você a olhar para a sua própria vida, e para a sua igreja, como um vaso não mãos do Oleiro.

Sempre me interessei pela olaria. A dinâmica de ver o barro em estado natural transformado em algo tão belo como um vaso me fascina. E na roda do oleiro há alguns elementos que não podem faltar: o barro, retirado de barreiros, limpo e posto sobre a roda; a água que, derramada na quantidade certa e no momento certo, amolece o suficiente para que o barro seja transformado em vaso; e o oleiro, mais precisamente suas mãos que seguram, amassam, constroem e modelam o barro.

Em Jeremias 18, Deus revela ao profeta o seu desejo de trabalhar na vida do povo a partir dessa imagem. O Senhor declara que "como o barro na mão do oleiro, assim sois vós na minha mão, ó casa de Israel" (Jr 18:6).

Jeremias viveu cerca de 600 anos antes de Cristo e foi profeta de Deus em uma época complicada. O povo havia se distanciado do Senhor, seguindo caminhos de idolatria, corrupção e imoralidade. Deus pesou a mão sobre os israelitas, a fim de que isso produzisse arrependimento e, no mesmo ato, Ele também se mostrou incansável em perdoar e restaurar, concedendo ao profeta essa surpreendente imagem do oleiro refazendo um vaso quebrado.

Que cena belíssima é essa em que Deus está ocupado com o barro, com cada um de nós! Somos alvos de sua atenção e trabalho desde a primeira vez em que Ele pôs as mãos no barro para criar nosso pai Adão. No entanto, a ilustração desse trecho se torna mais complexa, pois, mesmo estando nas mãos do oleiro, o vaso quebrou-se. Dentre tantos possíveis motivos que levariam à quebra ainda na roda do oleiro, um dos mais frequentes é a impureza do barro. Mesmo depois de escolhido, limpo e tratado, o barro ainda carrega impurezas: seja uma pedrinha, seja um pedaço de raiz, seja uma parte mais endurecida. Essa passagem nos faz refletir sobre a força do pecado que tende a corroer e colapsar tudo o que toca; e, ao mesmo tempo, levanta uma pergunta importante: quais são as impurezas da nossa vida que devem urgentemente ser identificadas, tratadas e deixadas?

A parte mais fascinante dessa figura revela-se quando o vaso se quebra e o oleiro decide refazê-lo. E diz: "como o vaso que o oleiro fazia de barro se lhe estragou na mão, tornou a fazer dele outro vaso, segundo bem lhe pareceu" (Jr 18:4). Eu amo essa sentença: "segundo bem lhe pareceu".

Essa frase aponta para o descanso, a expectativa e a submissão. Descanso é o imperativo da graça de Deus que nos molda, não desiste de nós e insiste em nos tornar um vaso de honra. Estamos em boas mãos! A expectativa é revelada no plano de Deus, ou seja, um desejo claro e definido para cada um de seus filhos. Possivelmente, essa caminhada envolverá processos difíceis e quebras dolorosas, mas também abundante graça e completa restauração. E, sem dúvida, a submissão é encontrada nesse trecho como sendo a vontade do que "lhe pareceu". Não é do que "me pareceu", portanto, é a vontade do Senhor, não a nossa. É o tempo do Senhor, não o nosso. O plano perfeito vem do oleiro, jamais do barro.

Por fim, encontramos um convite à reconstrução. Deus afirma que poderá fazer com os seus filhos aquilo que o oleiro fez com o barro. É um convite à fé, para que o barro creia no oleiro. Não somos chamados para manusear o barro, escolher seu formato, nem mesmo purificá-lo. Somos chamados tão somente a crer. Ao longo dessa jornada de fé, mesmo sendo amassados ou até pisados, olhemos firmemente para o Altíssimo, exaltando sua maravilhosa graça que jamais desistiu de nós, e, em alegre submissão, reconheçamos: "seja feita a tua vontade" (Mt 6:10).

Nessa perspectiva, gostaria de lhe fazer um sincero pedido. Ao ler este livro, faça-o com o coração aberto e não caia no erro de, ao perceber os perigos e pecados que rodeiam o povo de Deus, pensar primeiramente nos outros ou em outras igrejas. Reflita sobre você, seu coração e a sua igreja. Que seja você este vaso de barro na mão do Oleiro, que fez como bem lhe pareceu.

Capítulo 1

A IGREJA

Para melhor compreensão dos ensinos sobre a igreja, sua natureza e propósito, gostaria de pontuar alguns nomes, títulos e figuras admiráveis sobre a identidade da igreja do Senhor Jesus ao longo da Escritura.

A igreja é "Casa de Deus" (Gn 28:17), "Casa do Senhor" (2Cr 7:11), "Assembleia do Senhor" (Dt 23:3), "Congregação dos justos" (Sl 1:5), "Igreja de Cristo" (Rm 16:16), "Corpo de Cristo" (1Co 12:27), "Noiva" (Is 62:5), "Esposa do Cordeiro" (Ap 21:9), "Povo de Deus" (1Pe 2:10), "Santuário do Espírito Santo" (1Co 6:19), "Rebanho de Deus" (1Pe 5:2), "Família de Deus" (Ef 2:19) e "Cidade santa" (Ap 21:2), dentre outros lindos títulos.

Todas essas designações nos evidenciam que a igreja veio de Deus e pertence a Ele. Portanto, ela é amada, cuidada, protegida, utilizada por Ele para o seu propósito e chamada a viver eternamente com Ele.

Raça eleita

Em 1 Pedro 2:9,10, destaco essa fascinante descrição da igreja de Cristo, inspirada por Deus ao apóstolo Pedro: "Vós, porém, sois raça eleita, sacerdócio real, nação santa, povo de propriedade exclusiva de Deus, a fim de proclamardes as virtudes daquele que vos chamou das trevas para a sua maravilhosa luz; vós, sim, que, antes, não éreis povo, mas, agora, sois povo de Deus, que não tínheis alcançado misericórdia, mas, agora, alcançastes misericórdia".

O verso 9 inicia com "Vós, porém". É um ponto importante para entendermos essa profunda descrição da natureza da igreja. Nos versículos anteriores, há um nítido contraste entre os que não creem em Cristo e a "Pedra angular" (v.6). Essa carta portanto, é para "os que credes" (v.7), de modo que esses, a família da fé, possuem identidade definida e guardada em Cristo Jesus. O prisma inicial desse tema é o fato de sermos raça eleita.

A palavra grega escolhida para "raça", *genos*, é usada para "espécie" e também para "parentes" ou "família". O significado é a participação conjunta de um grupo que está intrinsecamente conectado um ao outro, equiparando-se a um laço de sangue.

Assim, quando Pedro afirma que somos raça eleita, ele indica um grupo de pessoas que, por escolha divina, se tornou família. Raça eleita, *eklektos*, demonstra que foi criada, escolhida e chamada por Deus. Logo, Deus é a fonte de nossa natureza, significado e propósito de vida.

Você, que crê e que ama o Senhor Jesus, foi escolhido por Deus para pertencer a uma grande família, formada por pessoas de todas as tribos, povos, línguas e nações, de muitas gerações e diferentes cantos da terra.

Portanto, a sua identidade não é definida por você, mas por Deus. Não está guardada em você, mas em Deus. E não encontra significado em você, sem Deus. Você foi amado e escolhido pelo Criador para pertencer à santa e eterna família, que tem como missão perpétua tributar glória a Deus e alegrar-se em sua presença. Você foi escolhido, em laços familiares perpétuos, pelo Altíssimo para ser dele e estar com Ele, hoje e para todo sempre. Não há presente melhor!

Sacerdócio real

Ao seguirmos na leitura, o apóstolo declara que somos também "sacerdócio real" (2:9), embora tenha mencionado anteriormente "sacerdócio santo" (2:5). Vejamos a seguir o sentido de cada uma dessas expressões.

Sacerdote era aquele se colocava entre o povo pecador e o Deus santo. Sua função incluía apresentar a Deus o arrependimento do povo, e mostrar ao povo o perdão divino. Jesus é chamado, na carta aos Hebreus, por "Sumo Sacerdote", o qual, de uma vez por todas, apresentou os pecadores a Deus e o perdão de Deus aos pecadores (Hb 4:14). Ele foi o Sacerdote e o próprio sacrifício, pois o seu sangue derramado comprou para Deus pessoas de toda tribo, língua, povo e nação (Ap 5:9).

Diante disso, pergunta-se: em que sentido somos sacerdócio real? Nós o somos porque pertencemos espiritualmente à linhagem de Cristo, o Rei. É em Cristo e por Cristo que somos abençoados e podemos ser canal de bênçãos a outros. No mesmo sentido, o apóstolo Paulo nos ensina: "Ora, se somos filhos, somos também herdeiros, herdeiros de Deus e coerdeiros com Cristo; se com ele sofremos, também com ele seremos glorificados" (Rm 8:17). Somos sacerdócio real porque nossa vida foi adquirida por Cristo, o qual nos chamou para viver nele e com Ele para todo o sempre.

Um exemplo para entendermos nossa relação com Cristo é a imagem de um órfão abandonado em uma grande cidade. Ele nada tem e nada é. Não há ninguém por ele e vive desprovido de qualquer direito, reconhecimento ou herança. Ao passar pelas ruas, ninguém sabe o seu nome, nem vê em seus olhos as suas dores. Ele está misturado com a corrupção, pecado e tristeza daquela cidade, perdido como os demais. Certo dia um Rei chega à cidade, acompanhado de seu filho, o Príncipe, e com seu impressionante exército. Caminham pelas ruas e, para a surpresa de todos, entram em uma sarjeta imunda e malcheirosa.

O Príncipe lança seu olhar sobre o órfão e o chama pelo nome! O órfão levanta a sua cabeça trêmula, pensando tratar-se de outro, pois não traz consigo nenhum mérito ou virtude, nenhum sobrenome ou título, apenas suas chagas e dores. Como ninguém o conhecia, o Príncipe olha para o Pai e sorri, dizendo: "é ele". Tomado de espanto por não saber do que se tratava, nem mesmo aquela multidão ao redor, o órfão ouve a voz do Príncipe chamando seu Pai, o Rei, que corre ao encontro e chama-o pelo seu nome mais uma vez, dizendo: "você é meu, é minha família. Você é príncipe".

1. A Igreja

Logo depois, o Príncipe abraça aquele órfão e abre os seus braços, para que o Rei também se achegue em um forte abraço. Então, o Rei decide, prontamente, retirar a sua capa e a coloca sobre o órfão, amarrando-a cuidadosamente ao seu pescoço. Pode-se ver a formosura do bordado daquela capa que, inclusive, traz as cores, o brasão e o nome do Rei. O exército real abre caminho para a passagem dos três.

Enquanto caminham abraçados para a saída da cidade, o Príncipe, sempre sorridente, diz ao órfão que há tempos esperava por aquele momento e jamais se separariam novamente. O órfão, em uma mistura de êxtase e dúvida, andando entre o Rei e o Príncipe, e vestindo o manto real, vira-se para o Príncipe e pergunta: "Porque eu"? E Ele, amorosamente, sussurra ao seu ouvido: "Eu o escolhi".

Nação santa

O apóstolo Pedro também nos ensina que somos "nação santa". A palavra grega traduzida em português como "nação" é *ethnos*, que se refere a um grupo de pessoas reunidas por características próprias, como língua, cultura ou localização.

Além disso, tal nação, à qual pertencemos, é "santa". Frequentemente associamos a expressão "santo" (*hagios*) como algo puro, e, de fato, a palavra tem esse significado primário: puro, purificado, sublime. Contudo, também carrega a ideia de separar para uma finalidade específica. Em que sentido somos uma "nação santa"?

Em primeiro lugar, somos chamados para ser povo, família de Deus em Cristo Jesus. Mais uma vez, o aspecto da comunhão com Cristo é invocado ao manifestar a nossa identidade. Estamos unidos a Cristo pela graça de Deus e nada nos separará dele. Se essa união fosse ancorada em nós, certamente a perderíamos. Se fosse conquistada por mérito nosso, certamente se quebraria. Se fosse resultado de nossa vontade e desejo, jamais a teríamos. Todavia, estamos unidos a Cristo pela graça, plano e força de Deus. Somos, assim, santos.

Em segundo lugar, fomos purificados pelo sangue do Cordeiro, tendo nossos terríveis pecados perdoados, uma vez por todas naquela cruz. Ao lembrarmos da mancha total e profunda feita pelo pecado e pelo seu poder, tenhamos a convicção do que o Senhor nos diz: "Eu, eu mesmo, sou o que apago as tuas transgressões por amor de mim e dos teus pecados não me lembro" (Is 43:25). E, em Cristo Jesus, Ele "[...] lançará todos os nossos pecados na profundeza do mar" (Mq 7:19). Portanto, somos santos pelo que Deus fez com os nossos pecados. Ele os perdoou.

Em terceiro lugar, somos santos porque seguimos dia a dia debaixo do processo de santificação que Deus iniciou em nossas vidas, pela Palavra e na ação do Espírito Santo. Ele diariamente trabalha em nós, ao confrontar nossos pecados, ao fortalecer a nossa fé e ao guiar os nossos passos.

Em João 16, enxergamos três funções específicas do Espírito Santo: converter o perdido, encorajar a igreja e glorificar a Cristo (v.8-15). No verso 12, Jesus afirma: "Tenho ainda muito que vos dizer, mas vós não o podeis suportar agora". E no 13: "Quando vier, porém, o Espírito da verdade, ele vos guiará a toda a verdade, porque não falará por si mesmo, mas dirá tudo o que tiver ouvido e vos anunciará as coisas que hão de vir". Sobre o que Jesus está falando?

Ele se refere às provações de vida e da fé que a sua igreja passará. Os discípulos não estavam prontos para ouvir sobre o que viria: as perseguições, sofrimentos, as provações da fé; pois, se ouvissem, se abateriam. Entretanto, quando o Espírito Santo vier, Ele nos guiará, nos falará e nos anunciará. Sabemos que Jesus se referia à vinda permanente e final do Espírito Santo sobre a sua igreja, o que aconteceu em Atos 2. Naquele momento, o efeito foi imediato: houve encorajamento na fé dos cristãos, amor na comunhão e intrepidez na proclamação do evangelho. Portanto, o Espírito Santo habita em nós e nos conduz em uma jornada de santificação.

Por fim, somos santos porque fomos separados por Deus para crermos, amarmos, seguirmos e servirmos a Cristo com tudo o que somos e temos. Em Romanos 8, lemos que "o Espírito, semelhantemente, nos assiste em nossa fraqueza, porque não sabemos como orar como convém, mas o mesmo Espírito intercede por nós sobremaneira, com gemidos inexprimíveis" (v.26). E continua: "todas as coisas cooperam para o bem daqueles que amam a Deus, daqueles que são chamados segundo o seu propósito" (v.28). De fato, Deus tem um plano de santificação em nossas vidas. Assim, "[...] aos que de antemão conheceu, também os predestinou para serem conformes à imagem de seu Filho, a fim de que ele seja o primogênito entre muitos irmãos. E aos que predestinou, a esses também chamou; e aos que chamou, a esses também justificou; e aos que justificou, a esses também glorificou" (v.29-30). Aleluia!

Povo de propriedade exclusiva

A busca humana por autonomia é evidente e se agrava a cada geração. As pessoas não desejam depender de nada e de ninguém. Criam estruturas para si e acumulam bens, a fim de experimentarem o maior grau possível de autossuficiência. Paradoxalmente, sentem-se cada vez mais solitárias e frustradas. Um dos motivos é que não fomos criados para sermos autônomos, pelo contrário, Deus nos criou para dependermos dele.

Sermos "povo de propriedade exclusiva de Deus" indica, necessariamente, que o apóstolo Pedro expressou coletividade e não individualidade. A palavra grega traduzida para povo, *laos*, manifesta um grupo de pessoas com afinidade de origem, como língua e cultura, ou ainda a população de um lugar. Fomos criados para sermos família, para andarmos juntos em Cristo.

Há duas questões importantes a refletir sobre sermos propriedade exclusiva de Deus.

A primeira noção implica no reconhecimento de que pertencemos a Deus e somente a Deus. É da natureza de Deus não dividir a sua glória, os seus feitos e os seus filhos com ninguém. A tentativa de encontrar uma vida sem a dependência do Eterno gera uma assombrosa tristeza em nosso Criador e Pai. A persistência em seguir nesse caminho de autossuficiência é, no fim das contas, um ato de revolta, de desobediência contra Aquele que nos amou antes da fundação do mundo. A dependência dele está presente em cada detalhe do nosso cotidiano e até mesmo para crer, amar e viver. A própria redenção em Cristo é fruto inteiramente da ação graciosa dele para conosco. Se desejamos encontrar o significado da vida, devemos caminhar diariamente na dependência do Senhor, pois sem Ele estaríamos fatal e eternamente perdidos.

A segunda questão decorre da expressão "exclusiva", que nos relembra que Deus rejeita qualquer possibilidade de servirmos a dois senhores. Nossa busca deve se resumir tão somente em buscá-lo, deleitar-se nele e o servirmos com inteireza de coração. A passagem de Mateus 6:24 é primordial para a compreensão do conceito de exclusividade: "ninguém pode servir a dois senhores; porque ou há de aborrecer-se de um e amar ao outro, ou se devotará a um e desprezará ao outro. Não podeis servir a Deus e às riquezas".

Cuidado! A quem você está verdadeiramente servindo? A Deus e os interesses de Deus ou a você e os planos do próprio coração? Lembre-se de que você foi chamado em Cristo Jesus, como igreja, a ser um povo de propriedade exclusiva de Deus. Nenhum outro senhor. Nenhum outro nome. Nenhum outro plano. Nenhum outro desejo. Só o Senhor Deus.

Povo com uma missão

Vimos que a nossa identidade foi dada por Deus, pertence a Deus e é guardada em Deus. Você é resultado do amor, escolha e salvação de Deus. Você é resultado do insubstituível sacrifício de Jesus Cristo. Você é resultado da bondosa ação do Espírito Santo.

Nessa perspectiva, se pertencemos a Ele, façamos também o que Ele pôs em nossas mãos. O apóstolo Pedro nos diz: "Vós, porém, sois raça escolhida, sacerdócio real, nação santa, povo de propriedade exclusiva de Deus, a fim de [...]" (1Pe 2:9). Nesse trecho, "a fim de" é uma expressão chave que merece uma análise mais detalhada.

Desde os primórdios, Deus estabeleceu uma estreita ligação entre o chamado do seu povo e seu posterior envio. Em Gênesis 12:2, o Eterno inicia a conversa com Abrão com uma promessa "de ti farei uma grande nação, e te abençoarei, e te engrandecerei o nome [...]" e conclui com uma ordem: "[...] Sê tu uma bênção". Somos abençoados para abençoar, isto é, temos uma missão a ser cumprida.

Objetivamente, Jesus resumiu a nossa finalidade no seguinte mandamento: "Amarás, pois, o Senhor, teu Deus, de todo o teu coração, de toda a tua alma, de todo o teu entendimento e de toda a tua força. O segundo é: Amarás o teu próximo como a ti mesmo [...]". (Mc 12:30-31).

Nosso primeiro e maior propósito é amar a Deus. De que maneira amamos verdadeiramente ao Senhor?

a) quando nossos corações estão ávidos por cumprir os desejos dele e pela causa do Reino, se tornando, assim, o motivo maior da nossa existência;

b) quando não desejamos nada que não venha dele e não seja por Ele, nem mesmo aquilo que seria motivo de celebração, aprovação ou reconhecimento de muitos;

c) quando ouvimos a sua Palavra e somos tão somente guiados por ela;

d) quando Ele se torna o nosso tesouro mais precioso, e podemos dizer como Paulo: "logo, já não sou eu quem vive, mas Cristo vive em mim [...]" (Gl 2:20).

Sim, essa é nossa primeira missão: morrer. Sem ela as demais perdem o significado. E essa é a missão mais difícil, pois a luta é interna, o preço é o ego e o resultado esperado é a morte (Mt 16:24).

A outra parte do mandamento de Cristo é dirigida aos seres humanos: amá-los como a nós mesmos. Nessa medida, a finalidade, ou missão geral da igreja, é ser sal que salga e luz que brilha em todo lugar. Isso envolve olhar para todos os fatos ordinários com os olhos da fé. Lastreados nessa cosmovisão bíblica, o cristão entende que sua vida, família, profissão, relacionamentos e contexto devem ser influenciados e definidos pela Palavra. Assim, sua missão cristã é tudo ser e fazer para a glória de Deus. Desde o entretenimento até o culto público, não há nenhum centímetro de sua vida que não deva ser encharcado com o desejo de adorar a Deus e testemunhar de Cristo.

A missão geral da igreja, portanto, é ser igreja de Deus no mundo. É salgar e iluminar a partir de sua fé, sua vida e suas obras, em toda parte, aproveitando todas as oportunidades dadas por Deus. Evidentemente, essa visão se aplica a todo cristão em qualquer profissão e qualquer ambiente. Há, porém, uma missão particular.

Se a missão geral da igreja é ser sal que salga e luz que brilha, a missão particular da igreja é a proclamação do evangelho. Essa é uma porção insubstituível e intransferível da missão. Nada substitui a pregação objetiva do evangelho e a igreja não deve, nem pode terceirizar tal responsabilidade. É na proclamação do evangelho, fazendo discípulos entre todas as nações, que a igreja cumpre a sua missão essencial.

É *sobre* isso que Pedro escreveu, que somos igreja "[...] a fim de proclamardes as virtudes daquele que vos chamou das trevas para a sua maravilhosa luz" (1Pe 2:9). Que o

Eterno nos ajude a não corrermos atrás do vento! Sejamos sábios e possamos remir nossos dias, empregar bem os dons que Ele nos concedeu e aproveitar as oportunidades de compartilhar o evangelho, levando vidas a conhecerem e adorarem o Senhor Jesus.

Redimidos

Nesse precioso verso que o apóstolo Pedro nos escreveu, vimos que a igreja é raça eleita, sacerdócio real, nação santa e povo de propriedade exclusiva do Senhor, com a finalidade de proclamarmos a Ele, que nos trouxe das trevas para a luz. A expressão exata é "[...] daquele que vos chamou das trevas para a sua maravilhosa luz" (1Pe 2:9).

Pedro resumiu, brevemente, um fato extremamente significativo: Deus nos chamou das trevas! Estávamos completamente perdidos, sem qualquer condição de escape. A palavra "trevas" (*skotos*) significa escuridão, um estado de total e absoluta ausência de luz. Sem o chamado de Deus jamais deixaríamos as trevas. Sem o chamado de Deus sequer pensaríamos haver luz. Sem o chamado de Deus, certamente, pereceríamos eternamente.

Em seguida, Ele nos colocou na "sua maravilhosa luz", ou seja, Ele nos chamou para partilhar conosco da sua luz. A palavra usada para "maravilhosa" (*thaumastos*) indica algo magnífico, radiante, digno de eterna admiração. Essa é a luz da presença do Pai. Essa é a luz da salvação eterna em Cristo Jesus. Essa é a luz da amorosa ação do Espírito Santo em nossas vidas. Essa é a luz na vida dos que foram redimidos.

Somos, assim, chamados à gratidão, esperança e missão. Gratidão, pois fomos resgatados, eternamente redimidos, retirados das trevas para a gloriosa presença de Deus. Não há bem maior! Esperança, pois, em Cristo, todos os detalhes da vida fazem sentido. Seja a alegria, seja a dor, nossa esperança não está depositada naquilo que conseguimos ver e medir, mas em Cristo. Ele é suficiente para tudo e todos, em quaisquer momentos de nossas vidas. Missão, pois cabe a nós a responsabilidade e privilégio de chamar outros a verem as riquezas insondáveis de Deus, ao mencionar as trevas de onde saímos e a luz onde nos encontramos. Abracemos esse privilégio com os olhos abertos e os corações gratos.

Abençoados

Nesse capítulo da epístola de Pedro, note que existe uma comparação entre quem éramos e quem somos; onde estávamos e onde nos encontramos agora. Veja: "vós, sim, que, antes, não éreis povo, mas, agora, sois povo de Deus, que não tínheis alcançado misericórdia, mas, agora, alcançastes misericórdia" (1Pe 2:10). Que magníficas e verdadeiras palavras!

Essa maravilhosa afirmação nos traz duas verdades. A primeira é quem somos e a segunda o que temos. Isso nos traz à memória o nosso estado inicial, espalhados e perdidos, porém fomos amados, chamados e feitos povo de Deus. Novamente, o autor usa a expressão grega *laos* para se referir a "povo", indicando um grupo de pessoas com a mesma origem e afinidade. Refere-se à nossa nova identidade em Cristo Jesus.

Não somos mais indivíduos, mas povo, família de Deus. Não estamos mais dispersos, mas fomos chamados e acolhidos por Ele. Não vivemos mais na ignorância, mas sabemos de onde viemos e para onde iremos. Não estamos mais fragmentados, mas somos um povo com um Rei. Assim, somos abençoados além do que podemos imaginar e comunicar, pois somos quem não éramos, fruto do inimaginável amor de Deus.

O verso 10, porém, não abrange apenas a nossa identidade, mas também o que recebemos de Deus. Recebemos misericórdia! A expressão "alcançastes misericórdia" (*eleeo*) é usada para o ato de socorro a um aflito e miserável. Indica que foi somente pela misericórdia de Deus que somos o que somos e temos o que temos. Nada mais! A nossa identidade em Cristo não foi comprada por nosso esforço, capacidade ou mérito. Não é assegurada pela igreja, líderes ou pregadores, nem jamais se alicerçará no conhecimento humano ou em promessas de falsos profetas. É resultado apenas da ação misericordiosa de Deus.

Sabemos que "As misericórdias do Senhor são a causa de não sermos consumidos, porque as suas misericórdias não têm fim" (Lm 3:22). E também: "terei misericórdia de quem me aprouver ter misericórdia e compadecer-me-ei de quem me aprouver ter compaixão" (Rm 9:15). Vemos o clamor do salmista: "mostra-nos, Senhor, a tua misericórdia e concede-nos a tua salvação" (Sl 85:7). Recebemos a promessa de que "a sua misericórdia vai de geração em geração sobre os que o temem" (Lc 1:50). Somos livres, pois o Senhor afirma: "[...] usarei de misericórdia e dos seus pecados jamais me lembrarei" (Hb 8:12). Por fim, estas incontáveis e imerecidas misericórdias "renovam-se cada manhã. Grande é a tua fidelidade" (Lm 3:23).

Ame a sua igreja

Observando seriamente o ensino de Deus sobre quem somos como igreja: raça eleita, sacerdócio real, nação santa, povo de propriedade exclusiva de Deus, povo com uma missão, abençoados e redimidos, nada mais nos resta, senão amar a Deus, amar a igreja e proclamar o nome de Jesus. Permita-me fazer um convite a você: ame a sua igreja!

Todas as igrejas possuem problemas, pois são formadas por pessoas imperfeitas, como você e eu. Se alguém estiver à procura de falhas, poderá criticar qualquer igreja, pois todas possuem imperfeições, pecados e limitações.

Todavia, ao olharmos para as Escrituras, percebemos que o Senhor nos chamou para amar: "[...] a igreja de Deus, a qual ele comprou com o seu próprio sangue" (At 20:28). Apresentarei quatro razões que podem mudar a forma que você enxerga a igreja.

Logo em primeiro lugar, ame a igreja por causa de Cristo. O motivo principal é que a Igreja foi alvo do seu impensável e imensurável sacrifício. Na cruz, o preço foi pago e o povo redimido. A Igreja, assim, é a noiva do Cordeiro e pertence a Ele. Ela é amada por Ele, fortalecida por Ele e guardada por Ele. Se você ama a Cristo, deve amar também a igreja de Cristo.

Em segundo lugar, ame a igreja por causa do seu irmão. Mesmo aquele irmão ou irmã que lhe dá dor de cabeça em sua igreja local, ele foi chamado e salvo pelo Cordeiro e é parte da sua família, da família de Deus. E você foi chamado para viver eternamente com esse irmão na presença de Deus, juntos alegrando-se no Senhor. Portanto, enquanto viver, tenha em mente que a igreja é formada por gente salva, mas com necessidade de amadurecer, incluindo você e eu.

Em terceiro lugar, ame a igreja, porque é ali que amadurecemos em Cristo Jesus. Há áreas da nossa vida que são lapidadas pelo Senhor somente quando estamos em igreja, vivendo com nossos irmãos. Nesse convívio, as nossas fraquezas são reveladas e somos tratados por Deus. Além disso, somos perdoados e aprendemos a perdoar, bem como, trabalhamos juntos e entendemos que precisamos uns dos outros. A vida como igreja é o cenário onde somos edificados, consolados e confrontados.

Por fim, Deus escolheu a igreja para cumprir a sua vontade. Ele poderia cumprir a missão pessoalmente, ou mesmo enviar anjos, contudo, preferiu usar vasos quebrados como nós. Para sermos úteis nas mãos de Deus, então, precisamos agir como família, como Corpo de Cristo. Talvez seja este o motivo de fragmentação nos relacionamentos pessoais na igreja, pois o inimigo das nossas almas bem sabe que tais problemas internos nos preterem de um envolvimento pleno no cumprimento da missão.

Assim, cerque-se de cuidado nos seus relacionamentos pessoais. Nessa direção, deixo três breves conselhos. Primeiro, tenha em mente que somos todos diferentes, pois o Eterno nos fez assim. Não queira ser quem você não é, nem realizar aquilo que Ele não colocou em suas mãos.

1. A Igreja

Não se compare com o seu irmão ou a sua irmã. Deus o fez de forma única.

Segundo, busque o seu lugar na igreja, o que Deus o chamou a ser e fazer. Nenhum trabalho é pequeno demais, pois foi dado por Deus a você, como parte da igreja. Seja a arrumação das cadeiras para o culto, recepção à porta, distribuição de sopa e pão, pregação da Palavra, pastoreio do povo, condução do momento de cânticos, liderança, evangelização, plantio de igrejas. Faça o que Deus lhe pôs nas mãos, e experimente o contentamento com a sua parte da missão, porque foi designada por Deus singularmente a você. Cumpra a sua parte com humildade e contentamento.

Terceiro, colabore para a unidade na igreja. Evite as críticas e não incentive os críticos. No caso de conflitos, trate diretamente com o seu irmão. Perdoe e seja perdoado. Lembre-se de que o alvo de viver em família, como igreja, é o amor. Não é um alvo fácil, pelo contrário, às vezes parece inatingível. Afinal, como amar aquele que discorda de mim, já me ofendeu e com quem não tenho afinidades naturais?

A resposta para essa pergunta é que a igreja é o lugar do amor. Somos ali lembrados que o alvo é amar a Deus, que é perfeito, e amar as pessoas imperfeitas. Paulo nos lembra que "ainda que eu tenha o dom de profetizar e conheça todos os mistérios e toda a ciência; ainda que eu tenha tamanha fé, a ponto de transportar montes, se não tiver amor, nada serei" (1Co 13:2). Logo, nosso alvo é o amor.

Ame a sua igreja! Seja aquele que mais deseja que ela amadureça, cresça e floresça em Cristo Jesus. Igualmente, seja você o maior incentivador do plano perfeito de Deus para a sua igreja. Não seja um crítico e não se junte aos críticos. Elogie em público e trate dos problemas em particular. Fale sobre os assuntos problemáticos somente com quem deve falar, com mansidão e em oração; não para quebrar, mas construir. Se há alertas importantes, prepare-se em oração para partilhar com a sua liderança de forma apropriada, respeitosa e construtiva. A igreja é a sua família, é o seu povo. Você foi chamado para crescer nesse meio, portanto, colabore.

Ame o seu pastor! Ele precisa de suas orações, compreensão e apoio. Não é fácil pastorear e, ao mesmo tempo, cuidar de todo o rebanho. Não é fácil acertar em todas as decisões, nem mesmo solucionar atritos relacionais. É árduo perseverar no ministério, é trabalhoso ensinar assuntos complexos e, concomitantemente, manter a mansidão em situações conflitantes e recorrentes. Se todas essas batalhas já são desafiadoras por si só, acrescenta-se o cuidado com a sua própria família e a dificuldade de obter um tempo de descanso em meio a tantos afazeres. Ame e cuide do seu pastor.

Ame o seu irmão! Obviamente, amar aquele que se parece com você, gosta de você, pensa como você e é maduro na fé é uma tarefa simples. Na igreja, porém, somos chamados a amar quem está quebrado, é imaturo e parece sempre achar um problema em todas as situações. Lembre-se de que você e ele carecem igualmente da graça de Cristo. Portanto, estamos todos no mesmo barco: pecadores arrependidos em busca de uma vida santa na presença do Senhor. E lembre-se que às vezes, somos nós esses irmãos quebrados, e outros caminham a segunda milha para nos amar, encorajar e perdoar.

Por fim, faça disto um alvo pessoal: ame a sua igreja!

PARA REFLEXÃO

Vimos que somos igreja de Cristo, amada, chamada, transformada e guardada por Deus. Nele se ancoram a nossa identidade e missão. Em Cristo Jesus somos raça eleita, sacerdócio real, nação santa, povo de propriedade exclusiva de Deus, povo com uma missão, abençoados e redimidos. Assim, devemos ser quem Ele nos chamou a ser e fazer o que Ele nos chamou a fazer. Como parte desta jornada, devemos amar a igreja, pois ela pertence a Cristo, é nossa família na fé, fornece o ambiente para que sejamos edificados e promove o cumprimento da missão.

1. À luz dessa compreensão bíblica, como devemos olhar para a igreja local?
2. Qual a relação da nossa identidade com a nossa missão em Cristo Jesus?
3. Quais são os principais caminhos para amar a igreja?

Capítulo 2

O PERIGO

Somos chamados em Cristo Jesus a observar e a interpretar os fatos da vida com os olhos da fé. Nesse sentido, ao vermos a natureza, não enxergamos apenas rios, desertos e florestas, todavia, a criação de Deus, pensada e feita por Ele, a partir de sua graça e poder. Ao olharmos para as pessoas, do mesmo modo, não enxergamos somente seres biológicos, sociais e morais, mas o resultado da incompreensível bondade de Deus que o moveu a fazer seres à sua imagem e semelhança.

Dessa forma, precisamos olhar para a igreja com os olhos da fé. Se mantivermos apenas os olhos humanos limitados, veremos tão somente ajuntamento de pessoas com convicções espirituais, tradição religiosa, momentos cúlticos, templos e práticas próprias. Nesse ponto de vista, será um movimento humano e religioso em meio a milhares de outros movimentos; um conjunto de confissões teológicas e espirituais dentre centenas e centenas de outras concepções religiosas. Gostaria de partilhar sobre alguns erros de observação da igreja de Cristo e, ao fim, como devemos enxergá-la, com os olhos da fé, firmados na Palavra.

Três erros

Há três erros ao observarmos a igreja[1]. O primeiro é sociológico, e ocorre ao olharmos para o povo de Deus a partir do povo, e não de Deus, ou seja, partindo de nós, e não de Cristo. Esse equívoco se manifesta no momento em que exaltamos nossas ações, em detrimento das ações do Redentor. De igual modo, o erro estará presente ao admirarmos mais aos nossos líderes, e não o Senhor Jesus, bem como, levantarmos nossas bandeiras, e esquecermos a bandeira do Cordeiro de Deus que tira o pecado do mundo.

Nesse ângulo de visão, olhando para a igreja a partir da própria igreja, afastando-se o seu Senhor, seremos tomados por desesperança. A tendência será enxergarmos apenas as falhas, rompimentos, pecados e inúmeras limitações. Certa vez, conversei com um jovem após uma conferência, que me abordou, dizendo: "Sou desigrejado! Nunca encontrei um real motivo para permanecer em uma igreja local". Concordei com a sua reclamação: "Você tem razão. Se olhar para a igreja, não encontrará motivos para permanecer. Contudo, se olhar para Jesus, o Senhor da

---

[1] LIDÓRIO, Ronaldo. *Revitalização de igrejas – Avaliando a vitalidade de igrejas locais*. Editora Vida Nova, 2016.

igreja, você se maravilhará com Ele e passará a amar esta família com todas as suas forças".

Essa visão sociológica é, possivelmente, um dos principais motivos para o distanciamento da igreja. São pessoas decepcionadas com outras pessoas, situações relacionais, posições teológicas ou, às vezes, apenas desapontadas com seus próprios corações. Assim, ao receber algum visitante em uma igreja local, leve-o rapidamente a conhecer o Senhor da igreja – e ele se encantará!

O segundo erro é teológico e, de certa forma, creio que se manifesta quando, em nossa eclesiologia, defendemos que a essência da igreja é sua ambição e não a sua confissão. É enaltecer a maneira como ela cresce, se organiza e aumenta a sua influência na região, deixando de lado o que a igreja verdadeiramente crê e confessa de todo o coração. Esse erro ocorre quando abraçamos uma eclesiologia antropocentrada, não cristocêntrica.

Acerca disso, Jesus aborda esse tema com Pedro no capítulo 16 de Mateus: "Também eu te digo que tu és Pedro, e sobre esta pedra edificarei a minha igreja, e as portas do inferno não prevalecerão contra ela" (v.18). Antes, Ele havia perguntado aos discípulos, o que diziam a seu respeito, e eles responderam: "[...] Uns dizem: João Batista; outros: Elias; e outros: Jeremias ou algum dos profetas" (v.14). Jesus seguiu com a pergunta: "Mas vós, continuou ele, quem dizeis que eu sou?" (v.15). Encontramos aqui a lindíssima confissão de Pedro: "Respondendo Simão Pedro, disse: Tu és o Cristo, o Filho do Deus vivo" (v.16). No verso seguinte lemos a afirmação de Jesus: "[...] Bem-aventurado és, Simão Barjonas, porque não foi carne e sangue que to revelaram, mas meu Pai, que está nos céus" (v.17).

Logo depois de destacar a confissão de Pedro, que Ele é o Cristo, o Filho do Deus vivo, Jesus afirma: "Também eu te digo que tu és Pedro, e sobre esta pedra edificarei a minha igreja, e as portas do inferno não prevalecerão contra ela" (v.18).

O ensino é claro. A igreja é fundamentada em Cristo – "Tu és o Cristo, o Filho do Deus vivo". A igreja é construída por Cristo – "sobre esta pedra edificarei a minha igreja". A igreja é protegida por Cristo – "as portas do inferno não prevalecerão contra ela". Assim, a igreja é alicerçada em Cristo e na sua confissão. A igreja é genuinamente igreja quando há um povo que, em espírito e em verdade, crê e confessa que Jesus Cristo é o Senhor.

O terceiro erro é pragmático. Se compararmos a igreja a uma máquina de produção, a um grupo de pessoas com uma meta a ser atingida em um prazo determinado, ela será regida pela eficiência da liderança e, ao longo desse desempenho, o desfecho será menor preocupação com a doutrina e maior aspiração ao sucesso. Nessa empreitada, o próprio coração será menos avaliado, ressaltando os números e resultados. Ela é movida pelo trabalho e sabe onde quer chegar.

Essa falha pragmática é sutil e atrativa: começa lentamente, apresenta-se com boas palavras e se mistura a valores bíblicos fiéis. Escolhe alguns versos bíblicos fora do contexto e, rapidamente, cria o ambiente para transformar a igreja em uma máquina de produção. Importa-se menos com o quebrantamento e mais com a *performance*. Abraça a competitividade e caminha observando a igreja ao lado, desejando superá-la. A liderança é escolhida pela excelência comunicacional e não pelo coração piedoso. Ela

2. O Perigo

prega e canta as verdades de Deus, mas não percebeu que Deus não vê como vê o homem, pois o Senhor vê o coração (1Sm 16:7).

Deus não deseja uma igreja com excelência e sem piedade. Devemos sempre lembrar que a força dos homens produz adesão, todavia, somente a graça de Deus produz transformação. Assim, nossa atenção primária é ponderar para os fundamentos da fé, da confissão e do testemunho.

Em outra perspectiva, a busca pela doutrina verdadeiramente bíblica e a sincera piedade de coração jamais deve ser motivo para não almejar a excelência. Devemos fazer para Deus, e na igreja de Deus, sempre o melhor, da melhor forma, com todas as nossas forças. Lembre-se, porém, daquilo que é prioritário: "buscai, pois, em primeiro lugar, o seu reino e a sua justiça, e todas estas coisas vos serão acrescentadas" (Mt 6:33).

O grande perigo

Há muitos perigos que rondam a igreja de Cristo. Você pode observar a sua própria igreja local e certamente vários lhe virão à mente. Talvez sejam pecados não confessados, conflitos relacionais, temas doutrinários ou lobos que tentam se infiltrar. Atenção, oração e vigilância são fatores essenciais para o cuidado e fortalecimento da igreja no cenário atual.

Gostaria de destacar apenas um desses perigos. Trata-se da crescente dificuldade que a igreja experimenta de guardar e proclamar a sua fé ao mesmo tempo. Permita-me explicar.

A igreja transita entre a sua necessidade de existir e de influenciar, sendo, aparentemente, dois movimentos debaixo de constante pressão. Desde Agostinho, no início do século V, com sua perspectiva dualista registrada no texto "A Cidade de Deus", isto é, a realidade terrena e a espiritual, igualmente, nota-se a Confissão Belga que expõe a tensão entre a igreja e o mundo, escrita em época que a igreja sofria terrível pressão por parte dos Espanhóis, escrita e publicada em 1561. Finalmente, o tema chega ao debate e explanação na Confissão de Fé de Westminster, em meados do século XVII, em que são claramente apresentados os conceitos e distinções entre a igreja visível e invisível e a tensão da Igreja no mundo. Por isso, ao longo dos tempos, a igreja tem sido estudada em uma dupla perspectiva: de existência e influência ou, em outras palavras, de vida e missão.

A cosmovisão cristã nos permite perceber que a cultura humana é, simultaneamente, uma grande oportunidade, como também um enorme desafio à fé. Sem dúvida, o desafio de existência e missão da igreja perante a sociedade é multifacetado e podemos reduzi-lo a dois movimentos: um de cuidado, mais interno, ligado à sua existência e preservação; e outro de influência, mais externo, de missão. Em termos shaefferianos, podemos citar as noções de refúgio e intervenção.

A igreja é chamada na Palavra para influenciar, confrontar, transformar a sociedade intervindo diretamente no cerne de suas mazelas, quebras e angústias, de modo a acusar o pecado e proclamar evangelho de Cristo. Essa mesma igreja, regida pelas mesmas Escrituras, ao mesmo tempo, é orientada a se prevenir, se guardar, se proteger das pressões, opressões e tentações ao redor, refugiando-se em Cristo e na sua Palavra. Logo, nisto está a consideração indispensável: ambos movimentos jamais deveriam ocorrer de forma dissociada.

Proponho a seguinte reflexão: se, por um lado, a igreja proclama a sua fé, mas não a guarda, ela se torna meramente um grupo religioso proativo, com excelentes qualidades comunicacionais, no entanto, deixando de ser uma comunidade redimida pelo sangue do Cordeiro Jesus. Perde a sua essência.

Por outro lado, se a igreja guarda a sua fé, mas não a proclama, ela se torna infrutífera e inútil. Seria como o sal que não salga, luz que não brilha e árvore que não frutifica. Perde a sua missão.

Terríveis consequências sobrevêm quando a igreja não proclama e não guarda a sua fé de forma simultânea e sincronizada. Uma delas é a perda da capacidade de transmitir os valores de Cristo à nova geração, incluindo nossos próprios filhos.

A igreja atual carrega o sublime desafio de se manter longe desse enorme perigo. Com esse alvo em mente, alerto, portanto, para a necessidade de preservar, persistir e perpetuar esses movimentos: cuidado e influência, ou refúgio e intervenção, ou ainda existência e missão.

Esse assunto será abordado detalhamente em um dos últimos capítulos, ao discorrer sobre o fortalecimento espiritual em Cristo Jesus. Neste momento, pontuarei alguns breves conselhos sobre esse desafio e privilégio, guardarmos e proclamarmos a nossa fé a cada dia.

Guarde a sua fé

Escrevendo ao jovem Timóteo, em sua segunda carta, o apóstolo Paulo, ao se aproximar da conclusão, resume algumas das essenciais marcas da sua vida cristã. Ele diz: "Combati o bom combate, completei a carreira, guardei a fé" (2 Tm 4:7).

A expressão 'combater', do grego *agonizomai*, indica uma forte e prolongada luta.

Paulo certamente tinha em mente a perseguição sofrida, as pressões de toda parte, as decepções com algumas pessoas chegadas e a própria prisão. Não foi uma luta fácil nem breve, porém ele pelejou sem se amargurar. Note que o apóstolo não elabora uma sequer linha em toda a carta para reclamar das pessoas, nem das circunstâncias, tampouco dos lugares que esteve. Mesmo em face de sua iminente morte, no verso anterior ele afirma que "[...] o tempo de minha partida é chegado" (v.6), usando para "tempo" a expressão grega *kairos*, que significa o tempo certo, oportuno.

Paulo não reclama de sua morte que se aproxima, nem atribui a culpa sobre os ombros de seus perseguidores. Ao contrário, ele reconhece que a vida é finita e seu tempo chegou. Conquanto estivesse em um calabouço, sendo fustigado pelos adversários da sua fé, seu galardão estava seguro em Cristo e aquele fim trágico não aconteceria fora do tempo de Deus. Que o Senhor nos ajude a lutar sem amargurar o coração.

Ele afirma também que "completou a carreira", e repare que ele escreve sem se vangloriar. Essa última carta da sua vida poderia conter o rol de igrejas plantadas e revitalizadas, regiões evangelizadas e trabalhos escritos, todavia, não é isso que encontramos. Lemos uma carta inteira que aponta para Cristo e instrui o jovem discípulo a amar, seguir e servir a Jesus. Que o Senhor nos ajude a completarmos a carreira que Ele nos confiou sem vanglória, exaltando apenas a Cristo.

A conclusão desse verso é uma belíssima declaração que, ao longo de toda a sua vida e ministério, passando por tantas localidades e realizando inúmeras ações, ele guardou apenas uma coisa: a fé. A expressão usada para "guardar" (*tereo*) é a mesma encontrada na resposta de Jesus quando o jovem rico, em Mateus 19, pergunta o que fazer para alcançar a vida eterna. E Jesus responde: "[...] Se queres, porém, entrar na vida, guarda os mandamentos" (v.17).

Paulo, portanto, combateu sem se amargurar, completou a carreira sem se vangloriar e guardou a fé como quem guarda o tesouro mais precisoso. Que importante exemplo!

O ensino de Paulo a Timóteo é incontestável: guarde a sua fé como quem guarda o tesouro mais precioso! Não se engane: a área mais atacada em sua vida é a sua fé! Não são os relacionamentos, a saúde, a provisão financeira, nem mesmo a sua família, mas a sua fé. O inimigo das nossas almas sabe que, se perdermos a fé, perdemos tudo.

Inicialmente, é imprescindível a compreensão do conceito de fé. Ao contrário de algumas concepções populares, a fé não é um poder mágico que pode ser usado para determinar o nosso futuro e os fatos da nossa vida de acordo com a nossa vontade. Tampouco se assemelha a certa habilidade espiritual capaz de moldar ou determinar o nosso futuro. Logo, irrevogavelmente, fé é a capacidade, dada por Deus, de crer e aceitar o futuro prometido pelo próprio Deus.

O capítulo 11 de Hebreus é uníssono em assegurar que "a fé é a certeza de coisas que se esperam, a convicção de fatos que se não vêem" (v.1). A fé é vital. A salvação de Deus é por sua graça, "mediante a fé; e isto não vem de vós; é dom de Deus" (Ef 2:8). E "sem fé é impossível agradar a Deus" (Hb 11:6).

Nessa linha de raciocínio, você não precisa de fé para crer que a pessoa ao seu lado está ao seu lado, pois você pode vê-la. Igualmente, você não precisará de fé nos céus, pois verá Jesus face a face. No entanto, enquanto nessa jornada terrena, a fé em Cristo é o seu tesouro mais precioso; por isso, certamente, o apóstolo Paulo testemunha a Timóteo que ele a guardou.

Não negocie a sua fé. Não permita que ela seja corrompida pelo pecado ou enfraquecida pela dúvida. A fé lhe foi dada por Deus para que você a guarde até o fim de sua vida. A sua confissão de fé, que está firmada em seu coração, alicerçada na Palavra, deve ser expressa por seus lábios e possui valor imensurável, digna de ser guardada e preservada. Não a troque por amizades, bens, títulos ou promessas. Crer em Cristo é o que conduzirá a sua vida até o fim.

Alimente a sua fé na Palavra. Leia, ouça, escreva e medite nas Sagradas Escrituras. Ela te fortalecerá. Alimente a sua fé na oração. Desenvolva, no seu cotidiano, o hábito de conversar com o Pai em nome do Filho Jesus. Alimente a sua fé na comunhão. Caminhe com aqueles que amam e seguem o Senhor Jesus. Alimente a sua fé na adoração. Privada e pública, pessoal e comunitária, invista na exaltação a Cristo, reconhecendo quem Ele é e o que Ele faz. Alimente a sua fé na missão. À medida que partilhamos a nossa fé, o Senhor nos revigora e sustém. Portanto, entre tantas decisões importantes que você deve agarrar em sua vida, guarde a sua fé como quem guarda o tesouro mais precioso.

Talvez você esteja vivendo, por ora, um momento desafiador. O conselho bíblico, com base nesse texto que observamos, é: olhe para Cristo! A fé nos convida a olhar, a confiar e a descansar em Cristo em todos os instantes de nossa vida, até o dia em que o veremos face a face.

Se a enfermidade vier, o desemprego bater à sua porta, os atritos relacionais se tornarem insolúveis, a luta contra o pecado intensificar, ou até mesmo seu próprio filho se negar a caminhar com o Senhor, olhe para Cristo, pois Ele é tudo o que você precisa até o seu último dia.

A fé alicerçada em Cristo será fortaleza para nosso futuro maravilhoso: "porque eu estou bem certo de que nem a morte, nem a vida, nem os anjos, nem os principados, nem as coisas do presente, nem do porvir, nem os poderes, nem a altura, nem a profundidade, nem qualquer outra criatura poderá separar-nos do amor de Deus, que está em Cristo Jesus, nosso Senhor" (Rm 8:38,39).

Proclame a sua fé

Você é convidado por Deus a guardar e proclamar a sua fé ao mesmo tempo. A sua identidade (quem você é em Cristo) e a missão (o que você faz em Cristo) jamais poderão ser dissociadas. Com base nessa convicção, Paulo nos conclama: "Prega a palavra, insta, quer seja oportuno, quer não, corrige, repreende, exorta com toda a longanimidade e doutrina" (2Tm 4:2).

As expressões usadas por Paulo defendem que a pregação da Palavra deve ser imperativa, urgente e bíblica. Imperativa, pois o termo grego *kerusso*, "prega", é escrito no modo imperativo (algo que precisa ser feito) e na voz ativa (que se deve ter iniciativa para fazê-lo). Dessa forma, nossas vidas devem refletir a pregação da Palavra, ou seja, sermos testemunhas com a nossa voz: anunciemos a Cristo!

No tocante à urgência nesse trecho, é curioso notar um dos raros textos em que Deus nos aconselha a realizarmos algo fora do tempo. A Bíblia sempre nos ensina que há um tempo oportuno (*kairos*) para casa episódio na vida; e, nesse contexto, utiliza *kairos* para se referir a esse tempo. Contudo, o apóstolo Paulo exorta a pregarmos a palavra "a tempo e fora de tempo", isto é, *kairos* ou *akairos*. Devemos, portanto, proclamar a nossa fé em todo e qualquer momento de nossas vidas, ainda que sejam inconvenientes.

No entanto, atente-se ao fato de que a exortação de Paulo é dirigida diretamente a Timóteo. Depreende-se disso que o autor da carta se refere ao pregador, ao cristão que conhece as Escrituras, e não faz menção ao público ouvinte. Assim, devemos pregar a Palavra mesmo em ambiente inconveniente para nós.

Além de imperativa e urgente, a pregação deve ser bíblica. Paulo destaca a incumbência de pregar "a Palavra". Não nossas ideias e planos, ou mesmo a igreja e sua estrutura, mas tão somente a Palavra de Deus. E explica como fazê-lo: "[...] corrige, repreende, exorta com toda a longanimidade e doutrina" (v.2). Corrigir é apontar o erro, mesmo que leve ao constrangimento e dor. Repreender significa, literalmente, aumentar o preço, mostrar o possível resultado, o preço do pecado e suas consequências. Exortar é chamar ao lado, confortar e consolar. Parece-me que toda palavra pregada requer todos estes movimentos: confronto, alerta e consolo.

De que maneira devo pregar? O modo mais apropriado é fazê-lo com "toda a longanimidade", ou seja, com extrema paciência, mesmo que se prolongue e que demande muita persistência.Também, com "doutrina" (do grego *didache*), que se refere aos preceitos eternos que temos em nossas mãos e em nossos corações na Palavra de Deus. Esses ensinos devem compreendidos, transmitidos e vividos.

Entretanto, se anunciar o evangelho é um dos nossos maiores privilégios, é, igualmente, um dos maiores desafios. Há graves barreiras à evangelização, e citarei algumas.

O primeiro grande obstáculo é a compreensão errônea da natureza do evangelho. Sob a influência liberal na segunda metade do século passado, o evangelho foi relido a partir de lentes mais sociológicas do que teológicas. Uma das nocivas consequências foi igualar o evangelho à igreja e, assim, evangelizar tornou-se proclamar a igreja – os redimidos –, e não Cristo – o Redentor. Propagou-se mais os cristãos e menos Cristo; veiculou-se mais a obra da igreja que a obra de Cristo; enalteceu-se mais os heróis da igreja do que o Nome acima de todo nome; levantou--se mais alto a bandeira eclesiástica do que a bandeira do Cordeiro de Deus que tira o pecado do mundo. Precisamos resgatar a compreensão bíblica de que o evangelho é Jesus Cristo. Portanto, se lhe derem apenas cinco minutos para partilhar o evangelho com alguém, conte a história de Cristo na Palavra de Deus.

A segunda barreira à evangelização é a falta de santidade. No Salmo 51, o salmista clama a Deus para que tenha misericórdia e apague as suas transgressões. Pede para ser lavado da iniquidade e purificado do seu pecado. Confessa que pecou e crê no perdão, que limpa e purifica, santificando a vida. No auge do seu clamor, pede que Deus lhe dê um coração puro e suplica que seja mantido na presença do Senhor, sendo restituída a alegria da salvação. Logo depois, afirma uma das consequências da santidade: "Então ensinarei aos transgressores os teus caminhos, e os pecadores se converterão a ti" (v.13). A santidade realinha, entre outras coisas, a nossa cosmovisão: o modo como vemos o mundo e nos vemos nesse mundo. Ela nos impulsiona a priorizar o que é primazia para Deus e transforma a nossa vida em um testemunho vivo e perceptível da mensagem que é falada. Não há verdadeira evangelização sem uma vida compatível com a fé.

O terceiro empecilho é a timidez espiritual. Curiosamente, a falta de audácia na evangelização não está ligada ao tipo de temperamento ou perfil pessoal. Devemos ser lembrados que nossa luta não é contra carne e sangue, mas contra principados e potestades. A batalha não é essencialmente travada contra as estruturas políticas, sistemas sociais ou limitações humanas, porém, antes de tudo, contra o maligno que, prepara armadilhas para que nelas possamos cair, enfraquecendo a fé (Ef 6:11). Perante a fragilidade do nosso coração, a astúcia do mundo e as forças espirituais do mal, precisamos de audácia para viver e pregar o evangelho.

2. O Perigo

Guiado por esse entendimento, o apóstolo Paulo, no fim de sua carta aos Efésios, pede que orem para que lhe seja dada coragem para a pregação do evangelho (Ef 6:19). O maior plantador de igrejas e destemido pregador pede oração para que tenha ousadia para evangelizar. Ele revela, assim, que tal coragem não procede de preparo teológico ou experiência de vida, mas de Deus. Precisamos orar mais para evangelizar mais.

Que Deus nos perdoe por termos mais audácia para defender um time de futebol ou um candidato político do que a mensagem do evangelho, que é o poder de Deus. Que Deus nos perdoe quando somos corajosos para defender nossos direitos e exigir um melhor atendimento, todavia, tímidos ao falar daquele que é a única fonte de vida. Que Deus nos perdoe quando temos bravura para tantas façanhas e somos covardes para confessar o nome do Senhor Jesus.

Comunicar o evangelho de Jesus Cristo é um grande privilégio e um grande desafio. Envolve palavras, vida, proclamação e testemunho. Transmitimos as alegrias em Cristo enquanto choramos com os que choram e abraçamos o aflito. É no encontro entre o evangelho falado e o evangelho vivido que se resulta a verdadeira evangelização.

Ressalto, porém, que toda transformação de vida é fruto puramente do desejo e da iniciativa de Deus. Nenhum esforço evangelístico, por mais elaborado que seja, conseguiria provocar uma verdadeira transformação. O Eterno, entretanto, decidiu utilizar as palavras humanas para que o evangelho dos céus seja transmitido.

Lancemos todas as sementes, pois não sabemos qual germinará! Distribua literatura bíblica, introduza sua convicção e fé nas conversações, convide alguém para visitar a sua igreja, envie mensagens eletrônicas que levem à reflexão espiritual, interaja com os elementos da fé nas redes sociais, tenha uma vida compatível com a sua confissão em Cristo, ame ao ponto de se envolver com o aflito, vá para praças, ruas, florestas e desertos e fale sobre a única verdade sobre a qual não podemos nos calar: Jesus Cristo!

PARA REFLEXÃO

Vimos que há três erros fundamentais ao observarmos a igreja: sociológico, teológico e pragmático. Tais erros conduzem o povo de Deus à perda da confissão e ao desvio da prática da sua fé. Perante eles, destaca-se um grande perigo: dissociarmos a maneira como guardamos e proclamamos a nossa fé, o que suscitaria à privação da sua essência ou à estagnação da sua missão. Uma igreja bíblica guarda a sua fé como o tesouro mais precioso e proclama a sua fé com toda a sua força, ao mesmo tempo.

1. Considerando os erros sociológico, teológico e pragmático, reflita sobre um resultado nocivo à igreja local.
2. Em que medida a fé tem sido atacada nas famílias cristãs?
3. Exemplifique o perigo da igreja dissociar a guarda e a proclamação da sua fé.

Capítulo 3

AS MARCAS

A igreja é resultado direto de Jesus Cristo. Ele a amou, chamou e salvou. Desse modo, as marcas da igreja devem ser as marcas de Cristo, pois nele fomos comprados, transformados e redimidos. Assim, a igreja de Cristo não deve refletir as marcas de homens, projetos, instituições ou convenções sociais, mas tão somente as marcas do seu Senhor.

Na carta de Paulo aos Efésios, capítulo 2, vemos que Jesus deu vida àqueles que estavam "mortos nos vossos delitos e pecados" (v.1), totalmente sujeitos ao poder do diabo e da carne, sendo, portanto, "filhos da ira, como também os demais" (v.2-3). Trata-se, portanto, da humanidade caída e rebelde contra Deus, que está totalmente cativa e dominada pelo próprio pecado (carne), pela estrutura social que promove o pecado (mundo) e pelo inimigo de Deus e da igreja (diabo). O cenário é de total escuridão, sem nenhuma luz no fim do túnel.

Entretanto, a luz surge e o verso 4 inicia de forma surpreendente: "Mas Deus...". Perante total perdição, Deus, e somente Deus, toma a iniciativa. Ele, que nos amou antes da fundação do mundo, que sofreu quando, como raça humana, nos rebelamos contra o Criador e Pai, decidiu nos amar. Assim, "[...] sendo rico em misericórdia, por causa do grande amor com que nos amou, e estando nós mortos em nossos delitos, nos deu vida juntamente com Cristo, - pela graça sois salvos" (v.4-5). Aleluia!

Ele nos buscou no fundo do poço de lama e escuridão, pois seu coração estava cheio de amor e misericórdia, e resolveu nos dar vida "juntamente com Cristo". Os versos seguintes nos revelam mais deste esplendoroso e inesperado plano de Deus para com o seu povo: "e, juntamente com ele, nos ressuscitou, e nos fez assentar nos lugares celestiais em Cristo Jesus; para mostrar, nos séculos vindouros, a suprema riqueza da sua graça, em bondade para conosco, em Cristo Jesus" (v.6-7).

Esse maravilhoso plano de Deus para com o seu povo é amá-lo, resgatá-lo, purificá-lo e assentá-lo nos lugares celestiais em Cristo Jesus, demonstrando, assim, explícita a sua inesquecível e insuperável graça, que se transformou em "bondade para conosco", e isto Deus fez "em Cristo Jesus".

Os versos 8 e 9 discorrem sobre a magnífica salvação: "Porque pela graça sois salvos, mediante a fé; e isto não vem de vós; é dom de Deus; não de obras, para que ninguém se glorie". Nossa salvação não vem de nós, provém dele;

não é segura por nós, está preservada nele; não resulta de nossos esforços, mas das obras de Deus.

A conclusão de Paulo no verso 10 é fantástica: "Pois somos feitura dele, criados em Cristo Jesus para boas obras, as quais Deus de antemão preparou para que andássemos nelas". Ele nos fez para os seus propósitos, pois fomos criados em Cristo Jesus para realizar os desejos de nosso Deus, aquilo que Ele mesmo preparou para nós muito antes de existirmos.

Semelhante a Efésios 2, observe que toda a Palavra, ao se referir à igreja, utiliza as expressões "com Cristo", "em Cristo" e "por Cristo" de forma abundante. O ensino é incontestável: nada somos sem Cristo.

Em Cristo

A verdade mais significativa e extraordinária é que a graça de Deus nos foi dada "em Cristo" (1Co 1:4), anulando qualquer condenação para aqueles que estão "em Cristo" (Rm 8:1). Então, passamos a ser filhos de Deus pela fé "em Cristo" (Gl 3:26), e Deus nos abençoou com toda sorte de bênçãos espirituais "em Cristo" (Ef 1:3).

Dentro da mesma perspectiva, proponho refletirmos sobre Colossenses 3, versos 1 a 11. Aprendemos que, em Cristo, morremos, ressuscitamos e viveremos eternamente.

Nós morremos em Cristo: "porque morrestes, e a vossa vida está oculta juntamente com Cristo, em Deus" (v.3). Na cruz, Cristo pagou o preço pelos nossos pecados e Ele quebrou o poder do pecado e da morte sobre nós. Éramos mantidos presos, como uma espécie de trabalho escravo eterno do nosso corpo e alma, porque era um preço, uma quantia tão exorbitante que jamais, por nossos méritos, pagaríamos. Todavia, em Cristo, esse montante inatingível foi liquidado de forma completa, absoluta e eterna pelo Cordeiro de Deus.

Nós ressuscitamos com Cristo: "portanto, se fostes ressuscitados juntamente com Cristo, buscai as coisas lá do alto, onde Cristo vive, assentado à direita de Deus" (v.1). A ressurreição provoca duas considerações: primeiro, não ressuscitamos a mesma pessoa. Fomos transformados! Segundo, nossa nova vida ressurreta está guardada, escondida, protegida em Cristo Jesus. E, ressurretos em Cristo, experimentamos uma transformação real e progressiva. É real, pois somos diferentes, novas criaturas. Ocorre de modo progressivo, pois entramos em uma jornada de santificação.

Nós vivemos com Cristo: "vos revestistes do novo homem que se refaz para o pleno conhecimento, segundo a imagem daquele que o criou [...]; porém, Cristo é tudo em todos" (v.10-11). Há duas evidências de que vivemos com Cristo. Primeiro, nosso maior interesse não é desse mundo, mas dos céus. Segundo, desejamos e trabalhamos para fazer morrer em nossas vidas o que não provém do Alto. Romanos 14 nos inspira com uma admirável afirmação: "E se vivemos, para o Senhor vivemos; e, se morrermos, para o Senhor morremos. Seja vivamos, seja morramos, somos do Senhor" (v.8).

Com Cristo

Ao longo desse capítulo, entendemos que a expressão "em Cristo" se remete à nossa união com Deus. Interessante notar que os termos "com Cristo", por sua vez, apontam para nossa relação com Deus e uns com os outros. Colossenses 3 diz que morremos e a nossa vida está escondida "com Cristo" (v.3) e que, ao ressuscitarmos "com Cristo", isso nos instigará a buscar as "coisas lá do Alto" (v.1). Para tanto, devemos "fazer morrer" (mortificar) o que pertence à carne (v.5).

É possível dividir em três categorias, nos versos 5 a 9, o que precisamos mortificar: os pecados morais, relacionais e comunicacionais. Os pecados morais são prostituição, impureza e paixão lasciva. Enquanto a prostituição se refere ao ato sexual ilícito, a impureza é o pensamento sexual ilícito. Já a paixão lasciva é atribuída ao desejo sexual ilícito. Em outras palavras, ele ensinava: se vocês vivem "com Cristo", não deixem que os desejos sexuais corrompidos dominem vocês.

Logo em seguida, descreve os pecados relacionais com destaque ao desejo maligno e à avareza, que é idolatria. O desejo maligno é querer mal aos outros em lugar de bem. É se alegrar quando outros choram. É o contrário do amor. A avareza é uma palavra curiosa na língua grega (*pleonexia*): o desejo insaciável de ter mais. Ou ainda, o descontentamento com o que se tem, seja dinheiro, influência, família ou trabalho. Não é raro a avareza encontrar espaço no nosso coração, já que existe uma inclinação humana em procurar em nós mesmos, em outros ou em bens aquilo que só podemos encontrar em Deus, que é o pleno contentamento e alegria do coração que está em Cristo.

Por fim, os pecados comunicacionais são: ira, indignação, maldade, maledicência, linguagem obscena do vosso falar e mentiras. Ou seja, palavras grosseiras, ríspidas, críticas, cheias de maldade, com duplo sentido, piadas obscenas e aquelas que não refletem a verdade. Cuidado com as conversas que você tem, seja pessoalmente ou nas redes sociais! Vigie as suas palavras, pois elas podem exaltar a Deus ou envergonhar o evangelho. Vigie o que você ouve e escolha as músicas que for escutar. Não podemos servir a dois senhores. E lembre-se de que o maior desafio da nossa vida não é lutar contra o mundo, mas contra o próprio coração.

Por Cristo

Resumidamente, vivemos "em Cristo" para a santidade, "com Cristo" para a comunhão e "por Cristo" para a missão. "Por Cristo" significa que nele nossa vida tem propósito. Ressalto, porém que o propósito não reside em nós mesmos ou em nossos interesses, entretanto, está alicerçado em Deus e na missão.

Em Gálatas 1:1, Paulo se apresenta como apóstolo, não por homens, mas "por Cristo". Em 1 Coríntios 4:10-13, "por causa de Cristo" nós somos loucos, fracos, desprezíveis; sofremos fome, sede e nudez; somos esbofeteados e não temos morada certa; nos afadigamos, trabalhamos com as próprias mãos; mesmo em sofrimento, bendizemos, suportamos e procuramos conciliação; somos considerados lixo do mundo e escória de todos. Filipenses 1:29 afirma que "por Cristo" nos foi concedida a graça de sofrermos por nossa fé.

A maior e mais bíblica motivação para nos envolvermos com a missão é Cristo. O desafio, portanto, não é fazermos o que é certo, mas fazermos o que é certo com a motivação certa. Não pelos aplausos, mas pela glória de Deus. Não pelo orgulho, mas pela obediência. Não por nós, mas por Cristo.

Em uma atenta leitura de Colossenses 3, percebemos que todos fomos igualmente afetados pelo pecado e todos carecemos igualmente da graça de Deus, e em Cristo, nos revestimos do "[...] novo homem que se refaz para o pleno conhecimento, segundo a imagem daquele que o criou" (v.10). Assim, "[...] não pode haver grego nem judeu, circuncisão nem incircuncisão, bárbaro, cita, escravo, livre; porém Cristo é tudo em todos" (v.11).

Em suma, para a glória de Cristo e por Ele: a) o evangelho deve ser pregado à toda criatura; b) devemos fazer discípulos em todas as nações; c) abrace o propósito para o qual Ele o chamou; d) seja testemunha do amor de Deus a todos ao seu redor; e) seja uma bênção em casa, condomínio ou rua; f) seja sal que salga, luz que brilha e árvore que dá frutos.

As marcas do Sacerdote

Na última seção desse capítulo, para melhor entendermos as marcas de Cristo, proponho refletirmos em um recorte específico da sua identidade e ministério – Jesus como Sacerdote. Essa delimitação é intencional, visto que o sacerdócio de Cristo representa parte do núcleo de sua missão redentora. Além disso, veremos que seu sacerdócio corrobora, em relação à igreja, quem verdadeiramente ela é, e, também, orienta a sua confissão de fé, que pavimenta e conduz todos os seus passos.

No estudo, ainda que brevemente, sobre o sacerdócio de Cristo é importante analisarmos três elementos centrais na Palavra: o templo, o sacrifício e o sacerdote. Tais referências, juntas, ofereciam o necessário para que algo singular acontecesse no Antigo Testamento: o encontro de Deus com os homens.

O Templo, o Sacrifício e o Sacerdote

O *templo* foi instituído por Deus como um espaço purificado para que Ele habitasse entre os homens – "E me farão um santuário, para que eu possa habitar no meio deles" (Ex. 25.8).

Inicialmente, foi construído um Tabernáculo e os atos naquele lugar eram os feitos de Deus. A Arca no Tabernáculo representava a glória de Deus, e por fim, a Palavra no Tabernáculo era a Palavra de Deus. Após longa peregrinação, essa estrutura foi constituída permanentemente e transferida para Jerusalém. Depois disso, houve a construção do Templo em seu lugar, apontando para o profundo significado que simbolizava um ponto de encontro entre Deus e os homens. São notórias três características: (1) Ali Deus era adorado, reconhecido por quem Ele é; (2) Ali também os pecados dos homens eram apresentados pelo Sacerdote e perdoados por Deus; e (3) Ali as instruções de Deus ao povo eram proclamadas.[2]

---

2   Êx 25 a 33. Lv 8:10; 15:31; 17:4; 26:11. Nm 1:50-53. 2 Sm 7:6. 1Cr 6:31-48. 1Rs 5:13-17; 6:1-38. Sl 15:1; 27:6; 78:60.

3. As Marcas

Jesus Cristo é apresentado como o Tabernáculo, o Templo permanente, por ser o eterno e final ponto de encontro entre Deus e os homens. Note que, em Jesus Cristo, Deus é adorado. Nele, os pecados são perdoados, ouvimos as instruções de Deus e, por meio dele, jamais deixaremos novamente a presença do Eterno[3].

O *sacrifício* é o segundo elemento a ser observado. Era uma prática de morte para conservar-se a vida. Em igual medida, traduzia o reconhecimento de que, perante a pureza da Justiça de Deus, um preço precisaria ser pago pela iniquidade e pelo mal. O sacrifício era a exigência de Deus para demonstrar misericórdia e perdão[4].

Pelo pecado do povo, um cordeiro sem defeito aparente era escolhido e morto, sendo seu sangue derramado de forma substitutiva. Veja a passagem de Levítico 17:11: "Porque a vida da carne está no sangue. Eu vo-lo tenho dado sobre o altar, para fazer expiação pela vossa alma, porquanto é o sangue que fará expiação em virtude da vida". Quem merecia a morte, sobreviveria porque um outro (neste caso, um cordeiro) morreria em seu lugar.

Jesus Cristo é apresentado como Cordeiro de Deus que, totalmente puro e totalmente digno, vem saciar a justiça de Deus que prescreve a morte pela desobediência e rebelião. Logo, é a descrição do profeta Isaías: "Ele foi oprimido e humilhado, mas não abriu a boca; como cordeiro foi levado ao matadouro [...]" (Is 53:7). Não se achou na terra homem sem pecado, cordeiro que fosse puro. Assim, Deus se encarna – se faz homem, se faz Cordeiro – para ser sacrifício por nós. A cruz, portanto, é o centro do ministério

---
3   Jo 2:19-21. Hb 9:1-10. Ap 21:1-3.
4   Gn 31:54. Êx 12:27. Lv 3:1-9. 1Sm 1:21. 1Rs 8:63. Sl 27:6.

de Cristo e é ali que Ele se voluntariamente se apresenta como o sacrifício, o Cordeiro de Deus que tira o pecado do mundo[5].

O ato sacrificial de Cristo possui três características fundamentais: (1) Como Ele é o Cordeiro totalmente puro, portanto este sacrifício é *absoluto*, não precisa de complemento; (2) Como Ele é inteiramente homem, este é um sacrifício *perfeito*, de substituição, um entre nós morrendo por todo aquele que crê; e (3) Como Ele é inteiramente Deus, este é um sacrifício *eterno*, não tem validade de espaço ou tempo. Não expira. O que Ele fez mudou a história em toda a sua eternidade[6].

O *sacerdote* era o homem escolhido, segundo a lei mosaica, para se aproximar de Deus, o quanto possível, para oferecer sacrifício em prol do povo. Era um mediador entre Deus e os homens e nenhum outro poderia fazê-lo. Para isso, deveria se purificar, seguir estritamente as prescrições divinas e trazer perante o Senhor o pedido de perdão do povo, diante do pecado deles. Ele se colocava entre Deus e os homens[7].

Jesus Cristo apresenta-se como um sacerdote, porém, sobretudo, como o Sumo Sacerdote, o qual, como homem perfeito, oferece a Deus o sacrifício perfeito. Integralmente puro e digno, intermediador entre Deus e os homens. Ele é o Sacerdote e o sacrifício, aquele que apresenta o sacrifício e que se entrega como sacrifício[8].

---

5   Jo 1:29; 36. Ap 5:6; 14:10; 15:2; 19:9.
6   Hb 7:20-28.
7   Nm 15:28. Dt 21:5. Lv 6:6-7; 16:34; 21:10-12.
8   Hb 2:5; 2:17; 3:1; 4:14-15; 8:1.

3. As Marcas

Assim, Jesus Cristo é manifestado nas Escrituras como o Templo eterno (o ponto de encontro de Deus com os homens), como o Sacrifício perfeito (o Cordeiro que compra, com o seu sangue, para Deus, aqueles que procedem de toda tribo, língua, povo e nação) e como Sumo Sacerdote (Aquele que, totalmente digno e puro, oferece a Deus o sacrifício perfeito). Portanto, o autor aos Hebreus esclarece as seguintes descrições: "Por isso mesmo, convinha que, em todas as coisas, se tornasse semelhante aos irmãos, para ser misericordioso e fiel sumo sacerdote nas coisas referentes a Deus e para fazer propiciação pelos pecados do povo" (Hb 2:17).

Onde é possível encontrar, simultaneamente, o Templo, o Sacrifício e o Sacerdote? A resposta é na cruz de Cristo. Sim, foi na cruz onde Deus se encontrou de forma permanente com os seus e, uma vez por todas, o sacrifício foi derramado e o ato de intermediação estava completo.

Cristo, em sua cruz, é o Templo, de modo que não precisamos mais de paredes ou rituais para nos encontrarmos com o Eterno. É também o Sacrifício, o que torna desnecessário imolar animais, fazer peregrinações ou apresentar oferendas pelos nossos pecados. Da mesma forma, é o Sacerdote, o qual remove qualquer aspiração de homens que façam esta intermediação, nos apresentando a Deus. Portanto, precisamos tão somente de Cristo – crer que Ele é a única e completa salvação de Deus, e segui-lo ao longo da nossa existência. Tudo isto aconteceu (Templo, Sacrifício e Sacerdócio) para que fosse dito: "[...] filho, os teus pecados estão perdoados" (Mc 2:5).

Creio que a forma mais gráfica de percebermos com nossos imperfeitos sentidos humanos os efeitos de Cristo, como templo, sacrifício e sacerdote, é a conversão de uma pessoa. É a transformação do coração. Há poucos anos, realizei um treinamento em um país no Oriente Médio e me impressionei pela intrepidez de missionários que se arriscavam a apenas 70 km de onde havia uma base do Estado Islâmico para pregar a mensagem de Jesus Cristo. Muito além disso, fiquei admirado pela abertura para a proclamação da Palavra entre aqueles povos e pelos relatos de conversão. Um dos missionários falou-me sobre um jovem que o procurou para saber de Jesus. Recebeu uma Bíblia e leu o Novo Testamento inteiro em uma semana. Voltou para dizer: "algo aconteceu comigo. Já não sou o mesmo". Não poderia dizer nada aos seus pais, pois seria expulso de casa, ou pior. Foi aconselhado pelos missionários a esperar um pouco e ter prudência para anunciar que seguia a Cristo. Ele não conseguiu se conter, contou aos seus pais, apanhou muito do seu pai e foi expulso de casa. Mora hoje em um abrigo e partilha abundantemente a sua fé em Cristo. Diante de um fato como esse, podemos perguntar: que poder é este que faz um jovem abrir mão de tudo para seguir o Nome acima de todo nome? É o poder do evangelho de Deus, Jesus Cristo, que é o eterno Templo, Sacrifício e Sacerdote.

As marcas do sacerdócio de Cristo

A epístola aos Hebreus possui quatro marcas do Sacerdócio de Cristo, que iluminarão nossas mentes para entendermos essa verdade. São estas: a) o sacerdócio é absoluto; b) perfeitamente puro; c) santo, inculpável e sem mácula; d) eterno.

3. As Marcas

Esta carta foi escrita especialmente a três grupos: os que seguiam a Cristo; aqueles que possuíam apenas uma aceitação intelectual sobre Jesus; e aqueles que o rejeitavam. Nela, enxergamos a apresentação de Cristo como Filho de Deus e Sumo Sacerdote, revelando que, em Cristo, todas as coisas fazem sentido. Mais do que isto, todas as coisas são transformadas.

Em Hebreus 7:23-25, vemos que o sacerdócio de Cristo é *absoluto*. Ou seja, nada em todo o universo (homens, mundo ou o diabo) pode mudar esta realidade. No verso 24, lemos que seu sacerdócio é "imutável" (*aparabatos*). Logo, é *inalterável* e nunca será violado, corrompido ou quebrado. O próximo versículo explica que, por causa de sua incorruptibilidade, Jesus pode salvar "totalmente" (*panteles*). Sua salvação é perfeita e total, atinge todas as esferas da existência. Essa verdade está ligada ao próprio caráter de Deus – Ele é imutável e sempre permanece fiel. A imutabilidade de Deus é a certeza de que somos eternamente salvos.

A sequência dos versos 26 a 28, no mesmo capítulo, salienta que o sacerdócio de Cristo é *perfeitamente puro*. Ou seja, é livre de qualquer contaminação e saciou, assim, toda a sede de justiça de Deus. Em Apocalipse 5, João procura alguém que seja digno de salvar a humanidade, abrindo o livro e os sete selos. Um ancião menciona o Leão, porém, ele encontra o Cordeiro de Deus. Leão e Cordeiro são Jesus, mas o Cordeiro simboliza a pureza, aquele que é digno de ser sacrificado. Apenas um que fosse totalmente digno poderia saciar a justiça de Deus.

O verso 26 atesta que o sacerdócio de Jesus é *santo, inculpável e sem mácula*. Logo em seguida, o verso 27 afirma que Ele "fez isto uma vez por todas" (*ephapax*), ou seja, nada mais é necessário: o trabalho está completo e totalmente realizado. Por isso, Ele exclamou que "está consumado", todo o preço foi pago (Jo 19:30). No verso 28, vemos que o seu sacerdócio é "perfeito para sempre". Entenda que, não apenas Cristo é perfeito (*teleioo*), mas também Ele é e será assim pelos séculos dos séculos. Tal perfeição como nós ainda não conhecemos. Não podemos olhar para o sol ao meio dia.

O trecho de Hebreus 8:1,2 declara que o sacerdócio de Cristo é *eterno*. Ou seja, não tem fim. Jesus não veio substituir o sacerdócio do Antigo Testamento, mas completá-lo. Em Cristo, por toda a eternidade, nada mais será preciso para fazer o homem se encontrar com Deus. No verso 1, Ele, como Sumo Sacerdote "[...] assentou-se à destra do trono da Majestade nos céus". O sacerdócio humano era passageiro. O sacerdócio de Cristo, que é Deus, é eterno. Esse plano de Deus de reconciliar o seu povo consigo é para todo o sempre.

Em Hebreus 8:3-6, entendemos que o sacerdócio de Cristo é *revelador*. Ou seja, víamos apenas sombras e promessas, todavia, agora tudo se torna claro, revelado nele. Nós, porém, enxergamos como uma névoa, pois nossos olhos ainda não veem o esplendor de Deus. O verso 5 aponta para os sacerdotes humanos que ministravam segundo "figura e sombra" das coisas celestes. Porém, agora (verso 6), Jesus se apresentou como "Mediador de superior aliança". Como Mediador (*mesites*), aquele que se coloca entre duas partes para restaurar a paz, Jesus conclui todos os planos e decretos do Pai, ao eliminar o pecado e ressuscitar os que estavam espiritualmente mortos.

Os efeitos desse sacerdócio são fantásticos e tangíveis! Em Cristo, podemos abrir a boca, falar diretamente com Deus e Ele nos ouve. Em Cristo, podemos adorar diretamente ao Senhor e Ele é glorificado. Em Cristo, podemos ter nossos pecados direta e plenamente perdoados, e somos santificados. Em Cristo, podemos confessar seu Nome e sermos eternamente salvos. Em Cristo, o evangelho é proclamado e participamos dessa grande missão. Em Cristo, podemos experimentar a eternidade de comunhão e adoração com o Pai.

Há alguns anos, realizei uma pesquisa em uma das regiões menos evangelizadas no Himalaia. A proposta era encontrar possibilidades viáveis para ações missionárias. Entre diversas viagens por trilhas a mais de 3.000 metros de altitude, viajamos por uma rota em busca de um vilarejo incrustado em uma das montanhas. A estrada era sinuosa, andávamos quase sempre no meio das nuvens e havia pouquíssima visibilidade. Porém, vez por outra, quando o sol surgia, as nuvens se dissipavam o suficiente para, ao longe, vislumbrarmos por poucos segundos aquela vila que era o nosso alvo. Ao caminhar naquela trilha de 17 km, tive várias experiências de exaustão. A soma do ar rarefeito, as subidas e descidas resultaram em forte cansaço. Meu guia, um jovem da região, paciente e encorajador, ao perceber o meu cansaço, se aproximava e dizia: "estamos no caminho certo". Servia de encorajamento até o próximo momento de exaustão, quando ele se aproximava e repetia a mesma frase.

Ao voltar para o Brasil, refleti sobre a semelhança entre a vida cristã e aquela caminhada. Somos imperfeitos em terra imperfeita e experimentamos vários momentos de exaustão e desânimo. Também não conseguimos ver com nossos olhos a Casa do Pai que nos aguarda. Temos apenas um ou outro vislumbre, quando o sol está mais forte. Entretanto, o Espírito Santo se utiliza da Palavra para nos levar à perseverança, lembrando-nos que estamos no caminho certo.

Conservemos firmes a nossa confissão

Hebreus 4 nos revela que essa mensagem (exposta, detalhadamente, no capítulo 7) deve ser comunicada. O autor diz que as boas novas foram pregadas também a nós (v.2). Essa pregação a todos os povos, prenunciada no Antigo Testamento pelos profetas e salmistas, igualmente, ensinada de forma direta e notória pelo Senhor Jesus e pelos apóstolos, deve acontecer pela vontade de Deus, no poder dele, a fim de que os chamados por Ele sejam salvos. Assim, a pregação do evangelho existe porque a fé é possível.

O autor da carta aos Hebreus suscita um apelo, que é vital na vida do cristão: "Tendo, pois, a Jesus, o Filho de Deus, como grande sumo sacerdote que penetrou os céus, conservemos firmes a nossa confissão" (4:14). A expressão "firmes" (*krateo*) é a mesma usada para alguém que agarra outro para salvá-lo de algum perigo.

É preciso guardar a fé para proclamar a fé. Crer é um exercício dinâmico e diário. Entretanto, observe, no início do versículo, que a força que torna a fé possível é Cristo. A fortaleza que traz segurança para seguirmos crendo não se encontra em uma lógica intelectual, um diploma de teologia, ou no cuidado de um bom pastor, mas em Jesus Cristo.

Ressalto que crer não é algo natural. Não é da nossa natureza crer, contudo, em Cristo, essa fé torna-se possível. É justamente em razão disso que não há outro caminho para o Pai, pois é impossível crer verdadeiramente nele se não por meio do Filho.

À medida que cremos, somos fortalecidos. Seguindo na leitura dessa carta, percebemos que pelo sacerdócio de Cristo também somos fortalecidos. Em Hebreus 4:15 vemos que o Sumo Sacerdote conhece nossas fraquezas e "se compadece". Ele tem compaixão de nós, pois conheceu as nossas tentações e as nossas fraquezas, mesmo sem ter jamais pecado ou caído. No verso 16, encontra-se uma revelação impressionante: ao aproximarmos do trono da graça, acharemos força nos momentos de fraqueza! O texto diz: "Acheguemo-nos, portanto, confiadamente, junto ao trono da graça, a fim de recebermos misericórdia e acharmos graça para socorro em ocasião oportuna".

Todos somos potencialmente fracos. Ninguém é forte em todas as áreas e em todos os momentos. Há fraquezas conhecidas (públicas) e também aquelas íntimas. Perante nossas fraquezas, porém, temos acesso ao trono da graça de Deus, onde encontraremos nele misericórdia e graça. Lembre-se de que graça é o favor imerecido, é aquilo que recebemos sem qualquer mérito. De forma semelhante, misericórdia é não recebermos aquilo que merecíamos. Merecíamos a morte, mas recebemos vida. Merecíamos desprezo, mas recebemos amor. Merecíamos o castigo, mas recebemos os céus.

O Eterno nos ensinou uma lição crucial: o trono da graça, onde encontramos misericórdia e graça, assinala uma constante misericórdia renovada sobre a vida daqueles que são salvos, mas estão ainda em luta; dos redimidos que caminham no processo de santificação; dos comprados pelo sangue do Cordeiro que andam por esse mundo onde são tentados, confrontados, às vezes caem e são por Ele levantados. Sem dúvida, há um inalterável e indisputável trono de graça que nos fortalece em Cristo Jesus.

As marcas da igreja

Diante da observação das marcas de Cristo, há uma nítida inclinação para compreender as marcas da igreja. Apesar de tê-las mencionado ao longo deste capítulo, ressalto seis breves características.

Fé

A primeira é a fé. Vimos que a nossa fé é possível por causa de Cristo. Nele, cremos em Deus e enxergamos a história à luz da Palavra. Nele, olhamos para a vida com as lentes do evangelho. Nele, todos os fatos da vida, sejam relevantes, sejam superficiais, ganham significado e encontramos a razão de existir. Nele, desfrutamos a eternidade na Casa do Pai.

A leitura atenta no evangelho de João permite identificar, como resultado do ensino e do primeiro milagre de Jesus, que "[...] os seus discípulos creram nele" (Jo 2:11). Quando Jesus ressuscitou, os discípulos lembraram de suas palavras proféticas e "[...] creram na Escritura e na

3. As Marcas

palavra de Jesus" (Jo 2:22). Vendo os sinais que Ele fazia "[...] creram no seu nome" (Jo 2:23). Após Jesus conversar com a mulher samaritana, ouvindo o testemunho da mulher, "muitos samaritanos daquela cidade creram nele [...]" (Jo 4:39). Ao pregar com tamanha autoridade espiritual, "[...] muitos de entre a multidão creram nele [...]" (Jo 7:31). Ao se apresentar como "Eu Sou" às multidões, "[...] muitos creram nele" (Jo 8:30). Após sua ressurreição, falando a Tomé, disse Jesus: "[...] porque me viste, crestes? Bem-aventurados os que não viram e creram" (Jo 20:29). E em Atos, logo após o Pentecoste, lemos que "todos os que creram estavam juntos e tinham tudo em comum" (At 2:44).

A igreja é uma comunidade de fé. Portanto, uma de suas principais marcas não é uma estrutura acolhedora, luzes direcionadas, líderes instruídos ou programa promissor, mas viver e demonstrar a fé em Cristo. Devemos, assim, buscar diariamente fortalecer a nossa fé e daqueles que nos cercam. Nossos encontros, ensinos, conversas e práticas devem sempre apontar para Cristo e a fé em Cristo.

É imperativo atentar-se aos nossos filhos, que crescem na igreja, a fim de serem conduzidos na fé em Cristo e não apenas na prática eclesiástica. Seja em casa, seja no convívio familiar, seja nos encontros do povo de Deus, um dos nossos alvos prioritários deve ser promover e fortalecer a fé, na Palavra do Senhor.

Conforme expus anteriormente, a área mais combatida em sua vida não será o seu emprego, seus bens, sua saúde ou mesmo a sua família, todavia, será a sua fé. Se guardarmos a fé, guardaremos o tesouro mais precioso.

Nesse ponto, é preciso alertar famílias cristãs e igrejas locais. Às vezes, despender a maior parte da energia, recursos, tempo e influência para promover aquilo que é secundário, de fato, é desajustar proridades. Ainda que sejam louváveis, experiências e ambientes aconchegantes não constituem o essencial, que é a fé em Cristo. Devemos rever qual é a verdadeira primazia, tanto na família, como na igreja.

O Salmo 108 inicia com uma declaração de Davi: "firme está o meu coração, ó Deus" (v.1). Logo depois, diante de um coração inabalável perante o Senhor, ele diz que cantará louvores, o exaltará, proclamará o seu nome entre as nações e falará a todos sobre a sua misericórdia (v.1-4). Ao fim, ele afirma que em Deus tudo é possível e muitas coisas maravilhosas acontecerão (v.13).

O início do salmo, porém, é fundamental: um coração firme. A palavra hebraica usada para "firme" (kûn), indica algo que está firmado, fixado de forma profunda, que recebe ventos e empurrões, mas não muda de posição. Não se assemelha a uma firmeza trivial, sujeita às circunstâncias, entretanto, denota uma solidez arraigada e enraizada na fé em Deus.

Há pelo menos quatro atitudes em relação à fé que devem encher os nossos dias: valorizar, alimentar, defender e proclamar a fé. Estas atitudes devem estar na lista de prioridades de cada crente, pai e mãe, líder e pastor de igreja local. Empenhe-se, com temor e oração, para que a sua família e igreja valorizem, alimentem, defendam e proclamem a fé em Cristo Jesus. Este será, possivelmente, o seu maior legado!

Segurança

A segunda marca da igreja é a segurança. Não me refiro a uma segurança existencial ou passageira, porém, à uma segurança fundamental. Como vimos, em Cristo fomos amados, chamados, transformados e somos também guardados. Ele, como Templo, Sacrifício e Sacerdote, na cruz, pagou todo o nosso preço e cumpriu toda a nossa pena. Nada mais resta que possa nos acusar.

Esse ato poderoso confere plena segurança ao cristão e toda à igreja de Cristo. As ações de Cristo, como Sumo Sacerdote, são absolutas, completas, perfeitas e eternas, construindo todo o fundamento de segurança para a sua igreja.

Em nossa jornada, porém, vivemos uma crescente tensão entre o que vemos e o que cremos. Olhando ao redor, vemos insegurança, violência, incerteza, enfermidade e desespero, todos os dias. Contudo, cremos que, em Cristo, estamos protegidos. Portanto, a nossa fé em Jesus (quem Ele é e o que Ele faz) nos lembra todos os dias que estamos nas mãos do Pai.

A igreja está segura, pois pertence a Cristo. Essa certeza, porém, não nos isenta de sofrer tentações, opressões e perseguições, pelo contrário, convida-nos a caminhar na paz inconfundível de Cristo, embora vivenciando a guerra com os nossos próprios corações.

A maneira como cremos e experimentamos a segurança em Cristo irá impactar diretamente as nossas ações e reações perante o sofrimento e o mal, no nível pessoal ou familiar. É sobremodo relevante conduzir o povo de Deus à compreensão da plena segurança em Cristo, a qual nos conforta e sustenta nas batalhas diárias contra a carne, o mundo e o mal.

Essa convicção promove três resultados. O primeiro é pessoal, pois, à medida que cremos na segurança em Cristo, enfrentamos as tempestades da vida com os corações cheios de esperança e paz. Sabemos que estamos nas mãos daquele que nos amou, chamou, salvou e guardou, e guardados estaremos eternamente. O segundo é funcional, visto que, à medida que cremos na segurança em Cristo, testemunhamos ao mundo sobre Ele. E ao testemunharmos no dia da dor e do sofrimento, o Senhor aplicará essa marca na edificação dos cristãos e evangelização dos incrédulos. O terceiro é teológico, pois Deus é glorificado quando o seu povo, crendo em sua total proteção, descansa nele e exalta o seu nome, mesmo durante a aflição.

O Salmo 27 termina com um apelo: "Espera pelo Senhor, tem bom ânimo, e fortifique-se o teu coração; espera, pois, pelo Senhor" (v.14). É um convite ao encorajamento para os que estão abatidos, enfraquecidos e desanimados.

Afinal, o que causa o desânimo, abatimento e fraqueza? Davi menciona malfeitores, opressores e inimigos (v.2) e aborda "o dia da adversidade" (v.5), dos perseguidores e dos difamadores (v.11,12). Possivelmente, todo esse cenário gerava abatimento e desalento ao coração de Davi. Todavia, esse Salmo contém lições fundamentais para caminhar firmes na segurança dada por Deus.

Primeiro, Davi se recorda de quem Deus é. Sim, a primeira atitude de Davi não foi chorar as suas dores ou clamar contra os seus inimigos. Logo no verso 1 ele declara que Deus é a sua luz, salvação e fortaleza. Lembra-se da fidelidade divina, pois "... se meu pai e minha mãe me desampararem, o Senhor me acolherá" (v.10). O salmista traz à memória a segurança que ele encontra no Senhor.

Segundo, Davi se dedica à oração. Todo o salmo é uma oração com melodia. A súplica mais enfática está no verso 4: "Uma coisa peço ao Senhor, e a buscarei: que eu possa morar na Casa do Senhor todos os dias da minha vida, para contemplar a beleza Senhor e meditar no seu templo". Ele clama por auxílio divino para estar perto do coração do Senhor.

Esta é uma oração de dependência do Senhor. O salmista reconhece que a sua segurança não se encontra em si mesmo, ou em outros, mas no Senhor. Assim, ele almeja estar na presença do Senhor sempre.

Terceiro, Davi expõe, diante do Eterno, a sua força e ânimo. Perante tantas pressões, parecia desanimado, entretanto, ao fim, prega para o seu próprio coração: "Espera pelo Senhor, tem bom ânimo, e fortifique-se o teu coração; espera, pois, pelo Senhor" (v.14).

Alimentados por essa convicção e protegidos na fortaleza de Deus, podemos exprimir, em qualquer momento de nossas vidas: "tem bom ânimo"! Esta mensagem bíblica da segurança no Senhor deve ser ensinada e repetida aos nossos corações, familiares e igreja todos os dias. Assim, seremos crentes cheios de contentamento e paz, pois temos em nosso Deus pleno amparo e segurança.

Descanso

A terceira marca da igreja é o descanso. Relembro que o descanso é um resultado direto da nossa fé. À medida que cremos, descansamos. À medida que cremos, a nossa mente compreende, o nosso coração sente e a nossa alma percebe que, por estarmos seguros em Cristo, podemos verdadeiramente descansar nele.

Vivemos em uma geração esgotada e sem paz. Nossa sociedade está impregnada de exaustão física, emocional, relacional e espiritual. Isso contamina a igreja, que tem aberto as portas para a agitação e ansiedade em quase todos os aspectos da vida. Precisamos recuperar o descanso em Deus, que não é adquirido em uma compra, nem aprendido em um curso, sequer herdado dos seus pais. É um resultado direto da sua fé em Cristo.

O Salmo 131 é um antídoto para a agitação do espírito. Lemos: "... fiz calar e sossegar a minha alma; como a criança desmamada se aquieta nos braços de sua mãe, como essa criança é a minha alma para comigo" (v.2).

A figura é de uma alma tranquila, em paz, cheia de serenidade. E esse deve ser o nosso alvo: fazer sossegar a nossa alma! Pergunta-se: o que fez Davi para ter uma alma serena e sossegada? Certamente, a sua história foi repleta de altos e baixos, pressões e batalhas, críticas e sofrimentos.

Observe, no verso 1, são suscitados três realidades do coração que agitam a alma humana: o coração soberbo, o olhar ativo e a procura pela grandeza. É surpreendente que ele não menciona nenhum elemento externo, contudo, os pecados do próprio coração.

O coração soberbo crê que é melhor e maior que os outros. Por isso, busca alimentar as aparências de uma vida de sucessos, conquistas, bens e o desejo constante de ser admirado. O olhar altivo se compara todo tempo com os demais, sempre tentando encontrar evidências do fracasso alheio e da própria superioridade. Enquanto isto, a busca por grandeza valoriza a imagem, ter o que outros não têm e se destacar perante os demais. São todos pecados ligados ao orgulho e à vaidade.

No verso 2, ao colocar a sua alma em uma posição de sossego, descanso e paz, Davi revela o real motivo, a saber, evitar os pecados íntimos do coração que mencionou no verso 1. Aprendemos uma lição preciosa: à medida que cuidamos da santidade de nossos corações, colaboramos para o sossego da nossa alma, bem como, percebemos que os pecados de nossos corações perturbam mais a nossa alma que os elementos externos.

Rejeite, em nome de Jesus, a vaidosa busca por uma imagem de sucesso para impressionar os outros. Pare de se comparar com os que te cercam. Quem conhece o seu valor é Cristo, pois o seu valor está nele. E fuja dessa maldita tentação de comprar o que não precisa, com o dinheiro que não tem para impressionar quem não conhece. Você não precisa de objetos e quiquilharias para ser feliz.

Alimente um coração humilde, que se contenta com o que Deus dá, se satisfaz com o que recebe e cuja alegria, imenso deleite, reside em Cristo. Assim, sossegue a sua alma, como fez Davi, confiando no Senhor e rejeitando os pecados do coração.

Repetidamente, reafirmemos e apliquemos esta mensagem aos nossos corações e àqueles que nos cercam a cada dia. Com a fé alicerçada e a convicção bíblica de que estamos verdadeiramente seguros em Deus, encontraremos descanso e paz. Faça um compromisso de investir no ensino bíblico de segurança e paz ao seu coração, família e igreja ao longo dos próximos meses. O resultado será o descanso, isto é, não se tratando de um mero descanso de corpo ou mente, todavia, um descanso de alma, pois seguros estamos em Cristo.

Amor

A quarta marca da igreja é o amor. Como povo de Deus, somos resultado direto do seu amor. A Palavra revela que, antes da fundação do mundo, Deus nos amou e escolheu para a salvação em Cristo Jesus (Ef 1:4,5). Igualmente, ensina que nada pode nos separar do seu amor (Rm 8:39). O Filho foi enviado ao mundo movido pelo amor de Deus (Jo 3:16), e esse amor divino dura para sempre (Sl 136:1). Como vimos no capítulo anterior, Jesus, como Sumo Sacerdote, entregou a si mesmo como perfeito sacrifício para comprar a nossa salvação, movido por seu desejo e amor.

A gênese da igreja, portanto, é o amor do Pai revelado no Filho e selado pelo Espírito Santo; sendo, assim, uma das mais expressivas marcas cristãs. Nesse ponto, ressaltarei apenas uma perspectiva deste amor, que são os relacionamentos pessoais.

O curtíssimo Salmo 133 fala sobre relacionamentos entre o povo de Deus. Afirma que "[...] é bom e agradável viverem unidos os irmãos" (v.1). Após, compara esta vida em união como um óleo precioso e o orvalho de Hermom, referindo-se às manifestações da graça de Deus àqueles a quem Ele ama. A conclusão é: "[...] ali, ordena o senhor a sua bênção e a vida para sempre" (v.3). Relacionamentos amorosos são uma expressão da graça de Deus sobre a igreja e sinal de maturidade cristã.

3. As Marcas

Um dos maiores desafios humanos é manter relacionamentos saudáveis. Relacionamentos quebrados geram guerras, conflitos, separações, sofrimentos e dores sem fim. Os problemas relacionais estão no topo dos motivos de abatimento e depressão, inclusive, figuram entre os mais importantes na lista de sofrimentos familiares e entre irmãos, nas igrejas locais. Porém, qual a raiz desse mal? De onde surgem os conflitos?

Gostaria de lembrá-lo de um princípio bíblico sobre esse tema: os relacionamentos humanos espelham o nosso relacionamento com Deus. Gênesis 3 relata que o inimigo se aproximou dos humanos com a intenção de promover o pecado. A primeira ação da serpente não foi dirigida a separar o homem da mulher, no entanto, a intenção era distanciá-los de Deus. Ele sabia que, longe de Deus, tudo se quebraria, inclusive os relacionamentos pessoais. Deus alertou anteriormente que o pecado levaria à morte e, assim, a primeira atitude da serpente foi contradizer a Deus: "[...] É certo que não morrereis" (3:4).

Após o pecado, "quando ouviram a voz do Senhor Deus, que andava no jardim pela viração do dia, esconderam-se da presença do Senhor Deus [...]" (3:8). O primeiro resultado do pecado foi o distanciamento de Deus, da verdade dele e da vida com Ele. Assim, o Senhor os expulsou do Éden (3:23-24).

Afastados da presença divina, o relato do capítulo 4 de Gênesis discorre sobre inveja, ciúme e o primeiro homicídio. A verdade é clara: distantes de Deus e do seu amor, estamos quebrados em todos os aspectos da vida, incluindo os relacionamentos pessoais.

Nossos relacionamentos pessoais espelham o nosso relacionamento com Deus. Definitivamente, nele perdoamos e somos perdoados; andamos a segunda milha com quem nos ofende; identificamos as raízes do orgulho no próprio coração; e, por fim, somos inclinados a amar não apenas quem nos ama, mas quem também nos ofende.

O ser humano jamais conseguirá resolver todos os conflitos de relacionamentos por meio de leis, regras, educação ou tecnologia. A solução para sermos quem devemos ser e fazermos o que devemos fazer está em Deus.

Esse conceito também se aplica à igreja. A solução para divisões, competições, ciúmes, discórdias e inimizades entre o povo de Deus não se encontra em um curso especializado, um programa institucional ou uma liderança inspiradora. A resposta para os dilemas está fundada em Deus, em seu inefável amor. À medida que conhecemos o amor de Deus, somos tomados pelo desejo de amar como Ele nos amou. Aprendemos, assim, a andar a segunda milha, perdoar e sermos perdoados, abandonar o que para trás deve ficar e promover a verdadeira união entre os irmãos.

Aos pastores, líderes, pais e mães, e membros da igreja local: amar é o seu maior privilégio e o seu maior desafio. À medida que você ama, como Ele primeiro nos amou, você incentiva a união, testemunha do evangelho e colabora para o amadurecimento do seu coração e daquele que está ao seu lado. Que Ele nos ensine a amar!

Adoração

A quinta marca da igreja é a adoração. Vimos neste capítulo que a igreja existe em Cristo, com Cristo e por Cristo. O centro da nossa vida, portanto, deve ser a adoração a Ele.

Todo o poder do pecado é dirigido para evitar que o povo de Deus adore ao Senhor. Enquanto mantivermos as atenções voltadas para nós mesmos, teremos maior tendência de lutar uns com os outros, ou buscar o que não precisamos, provocando o total desvio do foco no motivo eterno de nossa existência: a adoração a Deus.

O Salmo 150 conclui com essa linda expressão que encerra todo o livro dos Salmos: "Todo ser que respira louve ao Senhor. Aleluia!" (v.6). Não há nada mais indispensável em sua vida que louvar a Deus. O seu relacionamento com o seu Criador, Redentor, Amigo e Pai, é a sua joia mais preciosa. Jamais riquezas, fama, realizações, conquistas, saúde, prazeres, ou qualquer outra situação, se igualará minimamente ao valor do seu relacionamento com o Senhor, nosso Deus.

Nesse belíssimo cântico, somos convocados a louvar a Deus "no seu santuário" e "no firmamento, obra do seu poder" (v.1). Louvar a Deus "pelos seus poderosos feitos", "consoante a sua muita grandeza" (v.2). Louvar a Deus ao "som da trombeta", "com saltério e com a harpa". (v.3). Louvar a Deus com "adufes e danças", com "instrumentos de cordas e com flautas" (v.4). Louvar a Deus com "címbalos sonoros" e com "címbalos retumbantes". Em outras palavras, louve a Deus com tudo o que você tem, tudo o que você é e tudo o que você faz.

O magnífico Deus merece todo o louvor nos céus e na terra por toda a eternidade. Ele, por inimaginável amor, nos chamou em Cristo Jesus, matando na cruz os nossos pecados, para que fôssemos livres para louvá-lo por toda a vida e para todo o sempre.

Duas lições não podem ser esquecidas. Primeiramente, não há nada mais importante em sua vida do que o seu relacionamento com Deus, louvando o seu nome por meio de quem você é, o que você faz e o que você tem. Se, ao final da sua vida, nada mais você conseguisse na terra, exceto louvar a Deus, você teria conseguido o tesouro mais precioso. Lembre-se de que Deus deseja ser louvado e, assim, Ele o criou, amou, chamou pelo nome e o salvou. Esse é o nosso maior privilégio: adorar!

Em segundo lugar, louvamos a Deus de várias formas. O Salmo fala sobre diversos instrumentos de corda, sopro, percussão, além das palavras, cânticos e danças. Outros Salmos falam que devemos louvar ao Senhor por meio dos relacionamentos, das orações, do culto público e do testemunho. Devemos louvar a Deus por meio de tudo aquilo que Ele colocou em nossas mãos.

Ele é digno de ser louvado por cada um de nós em toda e qualquer situação de nossas vidas. Não espere o deserto chegar para dizer: "Aleluia! Louvado seja o Nome do Senhor". Faça da sua vida um altar de entrega e adoração, pois "todo ser que respira louve ao Senhor. Aleluia!" (v.6)

Devemos convencer os nossos corações, famílias e igrejas a terem suas vidas orientadas pela adoração. Nesse ponto, gostaria de enfatizar a área dos relacionamentos, tecendo algumas ponderações.

3. As Marcas

Certamente, relacionamentos não podem ser marcados por conveniência ou utilitarismo, pelo contrário, sua função primordial é exaltar a Cristo. Igualmente, devem evidenciar amor, compaixão e geuíno interesse de edificação no Senhor Jesus. Menos discórdia e mais amor. Menos exigência e mais compreensão. Menos combate e mais cooperação. Menos falatório e mais testemunho. Precisamos encher as nossas mentes, corações e ações com a adoração a Deus.

Logo, ressalto que a adoração ao nosso Senhor ocorre em três esferas: eclesiástica, famliar e pessoal. Na igreja, Deus é adorado quando a comunidade desfruta de paz, pois é alimentada na Palavra e tem exemplo de paz em seus líderes, bem como, quando o seu povo se reúne em adoração cúltica, com foco em Cristo e não em homens. Na família, é o testemunho e ensino dos pais que permite o estímulo natural para que os filhos cresçam na fé. No nível pessoal, o Senhor é adorado no momento em que nos dispomos a confiar e a entregar tudo a Ele, profissões, sonhos, desejos e preferências, em oração sincera, exclamando: "seja feita a tua vontade".

Confissão

Por fim, a última marca da igreja que destaco nesse capítulo é a confissão. Somos chamados por Deus, em Cristo Jesus, não somente para crer, mas para confessar publicamente a nossa fé.

Jesus nos ensinou: "Portanto, todo aquele que me confessar diante dos homens, também eu o confessarei diante de meu Pai, que está nos céus; mas aquele que me negardiante dos homens, também eu o negarei diante de meu Pai, que está nos céus" (Mt 10:32,33).

O povo de Deus que se aproxima do Trono da misericórdia e graça, como vimos, não se contenta em conhecer a Deus, contudo, é impregnado pelo anseio de que outros também o conheçam. Nossa missão é confessar publicamente, com palavras e ações, quem é Jesus e o que Ele fez por nós.

O Salmo 96 nos convida a cantar a bondade do nosso Deus: "Cantai ao Senhor um cântico novo, cantai ao Senhor todas as terras" (v.1). Afirma que não se trata de um ato único ou pontual, mas algo a ser feito "dia após dia" (v.2). E não deve acontecer apenas em nossas casa ou na igreja, mas em todo o mundo, pois "Anunciai entre as nações a sua glória, entre todos os povos, as suas maravilhas" (v.3).

O motivo central desses cânticos diários e missionários é o próprio Deus: "Porque grande é o Senhor e mui digno de ser louvado" (v.4); "Glória e majestade estão diante dele" (v.6). O que devemos, pois, entoar nessas estrofes? O salmista responde: "Dizei entre as nações: Reina o Senhor. Ele firmou o mundo para que não se abale e julga os povos com equidade" (v.10).

Entendo que os cânticos de adoração devem ser teocêntricos, ou seja, versam sobre Deus e apontam para Ele. O centro da nossa confissão não são nossas histórias, desejos e sonhos; todavia, tão somente Deus, sua identidade, verdade e propósitos. Cuide que todas as melodias que você entoar sejam, de fato, louvor a Deus.

Percebo, também, que os cânticos de adoração devem ser continuados. Não se trata apenas da liturgia do culto dominical, no entanto, vão para além desse momento, isto é, precisa encher a nossa mente, os nossos corações e os nossos dias. "Dia após dia" significa exaltar Aquele que tudo pode, o Altíssimo, Autor da nossa fé.

Portanto, o caráter missionário precisa sobressair nos cânticos de adoração, de modo que o entendimento bíblico saudável é que adoração não é uma prática enclausurada, mas pública, do povo de Deus. Somos chamados a adorá-lo, confessá-lo publicamente a fim de que muitos vejam e ouçam quem Ele é e o que Ele faz. Em outras palavras, é anunciar entre as nações quem é o nosso Deus!

Seja a nossa vida uma verdadeira e humilde adoração - diária, sincera e missionária - para que muitos saibam dessa maravilhosa verdade: reina o Senhor!

PARA REFLEXÃO

Como vimos, essas são algumas marcas de Cristo, que são também as marcas da sua igreja. Somos chamados a viver "em Cristo", "com Cristo" e "por Cristo", tendo, assim, definidas em Cristo a nossa identidade, vida diária e missão. E Ele, como Templo, Sacrifício e Sacerdote, nos chamou para uma vida de fé, santidade e serviço. Nele, a nossa fé é possível, visto que foi traçado um propósito na terra e um propósito eterno para nós. Somos chamados à uma vida de pureza nele, e nesta caminhada não lutamos com nossas próprias armas e forças. Há um trono da graça de Deus, com abundante graça e misericórdia, no dia da nossa necessidade. Em Cristo, portanto, a igreja experimenta algumas marcas essenciais que devem conduzir os seus dias: fé, segurança, paz, amor, adoração e confissão.

1. Quais são algumas implicações práticas e diárias para aqueles que vivem em Cristo, com Cristo e por Cristo?
2. Qual o significado e impacto de Jesus como Sumo Sacerdote para as nossas vidas diárias?
3. O que devemos fazer para que as marcas da igreja em Cristo Jesus (fé, segurança, paz, amor, adoração e confissão) sejam abundantes em nós?

Capítulo 4

A MISSÃO

Ao refletirmos sobre a igreja, é imprescindível ponderar sobre o seu propósito, a sua missão. Já vimos anteriormente que somos povo de Deus, como raça escolhida, sacerdócio real, nação santa, propriedade exclusiva do Senhor "[...] a fim de proclamardes as virtudes daquele que vos chamou das trevas para a sua maravilhosa luz" (1Pe 2:9).

Aprendemos acerca da nossa finalidade, quando Jesus proferiu as seguintes palavras: "Amarás, pois, o Senhor, teu Deus, de todo o teu coração, de toda a tua alma, de todo o teu entendimento e de toda a tua força. O segundo é: Amarás o teu próximo como a ti mesmo [...]". (Mc 12:30,31).

Missão geral e específica

Nossa primeira e maior finalidade é amar a Deus. Devemos amá-lo de todo o nosso coração, te-lo como nosso tesouro mais precioso e servi-lo com tudo o que somos. Nossa principal finalidade é glorificar o nosso Deus com tudo o que somos, temos e fazemos.

Conforme os preciosos ensinamentos de Jesus, direcionamos outra parte da finalidade aos seres humanos: amá-los como a nós mesmos. Compreendo que esta finalidade terrena é fundamentada na primeira (amamos ao próximo porque amamos a Deus), e é dividida em duas dimensões, a geral e a específica. A missão geral da igreja é ser sal que salga e luz que brilha em todo lugar. Abrange, inclusive, nosso olhar para todos os fatos da vida com os olhos da fé e nosso envolvimento em todos os episódios cotidianos como agentes do Reino de Deus. Por exemplo, em casa ou rua, na escola ou universidade, na empresa ou repartição pública, por onde passarmos, somos chamados a viver o evangelho e testemunhar do evangelho, independentemente das profissões, relacionamentos ou oportunidades. O Senhor nos fez filhos, guiados em uma jornada de fé e de testemunho da fé. Assim, cumprimos nossa missão geral quando somos íntegros, exercemos de forma saudável a cidadania, manifestamos o fruto do Espírito nos relacionamentos e colaboramos para o bem da família, amigos e nação. Essa é a nossa missão geral: ser sal que salga, luz que brilha e árvore que frutifica.

Além disso, há uma missão específica, que é proclamar o evangelho do Senhor Jesus. Essa é uma parte insubstituível da missão, que jamais permitirá terceirização.

4. A Missão

Apenas a igreja foi chamada por Deus para proclamar a salvação em Cristo Jesus. Em seus desígnios eternos, Ele poderia ter convocado anjos, poderia fazê-lo diretamente aos homens, mas escolheu a igreja. Portanto, você e eu recebemos essa missão proclamadora do evangelho, tanto perto, do outro lado da rua, quanto longe, do outro lado do mundo. Jesus deseja ser conhecido e adorado por pessoas de todas as tribos, línguas, povos e nações.

O apóstolo Paulo realça, enfaticamente, em Romanos 1 que ele foi: "[...] separado para o evangelho de Deus" (v.1) e, após, conceitua esse evangelho, afirmando: "o qual foi por Deus, outrora, prometido por intermédio dos seus profetas nas Sagradas Escrituras" (v.2) e que se refere "[...] a seu Filho, o qual, segundo a carne, veio da descendência de Davi" (v.3), o qual é filho de Deus e santo, "[...] a saber, Jesus Cristo, nosso Senhor" (v.4). Paulo expõe, de modo inequívoco, que o evangelho não é o apóstolo ou a igreja, mas Cristo. Por isso, a evangelização é vazia sem Cristo, visto ser Cristo o próprio evangelho.

Na teologia paulina, o evangelho é Jesus Cristo em três dimensões: quem Ele é (sua identidade, Deus encarnado, Salvador dos que creem e Senhor de todos); o que Ele fez (sua encarnação, cruz e ressurreição); e o que Ele faz e fará (Rei sobre todos, sua vinda, juízo e governo eterno). Logo, comunicar o evangelho é comunicar quem é Jesus e o que Ele fez, faz e fará por nós.

No verso 5, porém, encontramos um ponto essencial. Após reiterar que o evangelho é Jesus, ele escreve: "por intermédio de quem viemos a receber graça e apostolado por amor do seu nome, para a obediência por fé, entre todos os gentios". Entendo que a expressão "viemos a receber" se refere à igreja de Cristo, da qual ele e os cristãos em Roma faziam parte, bem como todo o povo de Deus em todas as partes. E recebem "graça e apostolado", referindo-se à graça para a salvação e apostolado para a missão. Isso acontece por causa de Deus e por meio de Deus ou, como afirma, "por amor do seu nome". Diante desse cenário, surge um propósito nessa missão que emana de Deus e envolve a igreja, a qual recebe graça e apostolado: "para a obediência por fé, entre todos os gentios".

Se a missão específica da igreja é a proclamação do evangelho por toda parte, então a prioridade das prioridades seria fazê-lo onde Jesus Cristo permanece desconhecido, como informou Paulo em seu critério missionário: "esforçando-me, deste modo, por pregar o evangelho, não onde Cristo já fora anunciado, para não edificar sobre fundamento alheio" (Rm 15:20).

Gisbertus Voetius, o primeiro missiólogo protestante, ainda no século XVII, defendia que a igreja é *vocatio et missio*, ao mesmo tempo chamada e enviada para que outros ouçam o evangelho que produz fé e salvação. Ela é chamada em Cristo Jesus para a salvação e enviada por Cristo Jesus para a missão[9].

A comunicação do evangelho no Novo Testamento ocorreu de modo mais objetivo, dependendo das ocasiões, ou menos objetivo. Note que a doutrina dos apóstolos e uma vida de oração em Atos 2, por exemplo, são fundamentais para a comunicação do evangelho. Porém, identificamos, diretamente, três destaques no Novo Testamento para a evangelização: o ensino (*didaskalia*) da Palavra; a procla-

---

9 LIDÓRIO, Ronaldo. *Teologia, piedade e missão*. São Paulo. Editora Hebrom, 2021.

4. A Missão

mação (*kerygma*) do evangelho; e o testemunho (*martyrion*) de vida.

Ao escrever aos Tessalonicenses sobre os elementos que fizeram a igreja nascer entre eles, Paulo destaca seis pontos: evangelho, palavra, poder, Espírito Santo, plena convicção e procedimento (1Ts 1:5). Ele enfatiza que esse 'procedimento' era conhecido, ou seja, percebido com os olhos pelos outros. Indicava, assim, que a maneira de se comportarem naquela cidade (provavelmente o testemunho de amor, pureza e perseverança) era usado por Deus para que Cristo se tornasse conhecido. Seguramente, o resultado desse testemunho de vida, chamado aqui de "procedimento", se encontra no verso seguinte (v.6): "Com efeito vos tornastes imitadores nossos e do Senhor, tendo recebido a palavra [...]".

Há, portanto, uma missão geral da igreja, que é ser igreja no mundo, iluminando e salgando por onde passa e com tudo o que faz, bem como, uma missão específica, que é a proclamação do evangelho do Senhor Jesus, demonstrado em palavras e em ações quem é Jesus e o que Ele fez por nós.

O testemunho e as palavras, porém, não possuem o objetivo apenas de quitar uma tarefa, ou simplesmente cobrir uma região, mas também realçam um alvo singular, que é fazer discípulos. Observe que o Senhor Jesus, ao entregar a grande comissão aos seus discípulos, disse: "Ide, portanto, fazei discípulos de todas as nações, batizando-os em nome do Pai, e do Filho, e do Espírito Santo; ensinando-os a guardar todas as coisas que vos tenho ordenado. E eis que estou convosco todos os dias até à consumação do século" (Mt 28:19,20).

Cabe aqui uma breve explicação do texto. "Ide" (tradução do grego *poreuthentes*) é um particípio aoristo com voz passiva. Se traduzido separadamente, poderia absorver o conceito de continuidade e passividade: "onde quer que vá" ou "a medida que se vá". Por sua vez, "fazei discípulos" (tradução de *matheteusate*) é um verbo imperativo com voz ativa e, separadamente, já daria o conceito de ordenança: faça discípulos!

A presença de um particípio aoristo, mesmo na voz passiva, no mesmo movimento de um imperativo, empresta a ênfase imperativa ao primeiro. É chamado de imperativo abrangente. Por isso, a tradução é "Ide" e não "Indo". É relevante atinar para o fato de que eles fazem parte de um só comando. Em outras palavras, o que justifica o "ide" não é a viagem, mas o intuito - fazer discípulos. De igual modo, para que sejam feitos discípulos entre todas as nações, é preciso ir. Logo, tanto o "ide", quanto o "fazei discípulos", são imperativos e fazem parte da mesma ordem.

Mediante essa análise, examinemos o contexto total da ordem de Jesus. Ele inicia a entrega da grande comissão, reiterando que "[...] Toda autoridade me foi dada no céu e na terra" (v.18). Portanto, é na autoridade dele que a igreja deve proclamar o seu evangelho de salvação e exprimir, com toda a força e em todos os lugares, que há apenas um caminho, uma verdade e uma vida, que é Ele. Esse é o fundamento que nos outorga a capacidade e a urgência de percorrer ruas, cidades, matas e desertos para difundir o Nome acima de todo o nome. É na autoridade de Jesus que portas serão abertas, a mensagem será ouvida e corações serão transformados. A certeza que temos é saber que a missão será cumprida, não pela força da igreja ou a habilidade de seus pregadores, mas tão somente pela autoridade do Senhor da igreja, Jesus Cristo.

Nesse trajeto, somos instruídos como fazer discípulos: "[...] batizando-os em nome do Pai, e do Filho e do Espírito Santo; ensinando-os a guardar todas as coisas que vos tenho ordenado [...]" (v.19,20). Observe que a concretização da ordenança de Cristo é encaminhar ao batismo, que representa a confissão de que reconhecem o senhorio de Jesus em suas vidas e pertencimento à igreja. Além disso, Ele nos conclama a guardar seus mandamentos, ou seja, ensinar a doutrina bíblica.

A missão específica da igreja, portanto, é proclamar e testemunhar do evangelho, fazer discípulos que sejam batizados, confessando a fé em Jesus e integrando uma igreja local; e ser instruídos na doutrina da Palavra de Deus.

Por fim, Jesus faz uma promessa: "[...] E eis que estou convosco todos os dias até a consumação do século" (v.20). A presença dele é a mais importante promessa para a vida da igreja. Não sabemos o que acontecerá em cinco minutos ou em cinco anos, todavia, temos a convicção de que jamais estaremos sozinhos. O Senhor Jesus, Criador e Senhor do universo, estará conosco todos os dias. Essa é a segurança que guardaremos e proclamaremos a nossa fé.

A missão será cumprida

O mundo está em constante dinâmica de transformação. Nos últimos 20 anos, profundas mudanças sobreviram nas formas de comunicação, organização social, relacionamentos pessoais e valores éticos e religiosos.

Na década de 1990, Rossana e eu, juntamente com os nossos filhos, Vivianne e Ronaldo Junior, vivemos em uma aldeia do querido povo Konkomba, em Gana, noroeste africano. Era um local isolado, sem acesso viável e nossa única forma de comunicação era um rádio amador, usado em casos de emergência. Hoje, os irmãos Konkombas se comunicam com frequência conosco por meio do WhatsApp, enviando fotos e vídeos dos acontecimentos diários. São tempos novos!

Se o mundo mudou, nossa missão permanece inalterada: glorificar a Deus, fazendo discípulos em todas as nações. Partilharei, a seguir, três verdades sobre a missão que não mudaram e jamais mudarão. Ademais, integram o fundamento bíblico que nos leva a sermos quem somos e fazermos o que fazemos.

A gênese da missão é a vontade de Deus

O centro da missão não são os perdidos, nem a igreja, mas unicamente Deus. A missão tem início em Deus, em sua vontade, e é finalizada nele, em sua honra e glória. Tal missão, sendo fundamentalmente divina, é exercida por Ele em sua plenitude revelada, portanto, fundamentalmente teocêntrica.

Nessa perspectiva, é indispensável resgatar o conceito de Gisbertus Voetius, o primeiro missiólogo holandês reformado do século XVII. Para ele, a missão se fundamenta na *voluntas Dei* (vontade de Deus), apontando para o decreto eterno de Deus no passado, as promessas de Deus no futuro e o mandamento missionário no presente.

Esta convicção - a gênese da missão é Deus e sua vontade - deve nos conduzir a uma postura de dependência e obediência. Dependência, pois sem Deus nada acontece. Podemos planejar, proporcionar excelentes treinamentos, enviar missionários preparados, porém, ausentes a graça e a intervenção divina, a missão não é cumprida. O resultado será óbvio: pessoas não serão regeneradas, igrejas não nascerão e missionários não perseverarão no campo. Precisamos de Deus!

O segundo efeito dessa convicção é obediência, pois a missão não nasce da vontade da igreja, dos pastores ou dos missionários, mas do próprio Deus. Em virtude disso, o Senhor Jesus, após apresentar o fundamento da missão (sua própria autoridade), ordenou que a igreja vá e faça discípulos entre todas as nações. Encontramos significado de vida à medida que cumprimos a vontade de Deus.

O alvo da missão é glorificar a Deus

A compreensão teológica da missão para Deus e sua glória, e não para os homens e seus planos, nos remete ao aspecto volitivo da missão, as motivações mais íntimas que nos levam a fazer o que fazemos. *Soli Deo gloria*, de fato, permeia os ensinos protestantes em todas as áreas do conhecimento teológico, incluindo a eclesiologia e a missiologia e, assim, tanto a igreja quanto a missão existem para que Deus seja exaltado.

À medida que a glória de Deus é a primeira e mais profunda motivação para sermos quem somos e fazermos o que fazemos, passamos a desprezar outras inclinações, como a competição, o reconhecimento, o sucesso ou a realização pessoal. Se Ele, e não nós, for a razão última de nossa própria existência, todas as nossas ações devem se tornar um reflexo daquilo que somos. Nossa identidade cristã é definida por Cristo, em Cristo e para Cristo. Assim, a primeira missão da igreja não é proclamar o evangelho, compreender a missão ou socorrer o aflito, mas morrer, logo "já não sou eu quem vive, mas Cristo vive em mim" (Gl 2:20).

A glória de Deus como finalidade máxima de vida e missão é uma doutrina bíblica extremamente necessária em nossos dias, sobretudo devido à forma como o ser humano percebe a si mesmo. A presente sociedade exalta egos e aplaude sucessos. Promove a competitividade e cria vencedores. Tornou-se utilitária e triunfalista em um mundo de extrema polarização de ideias. Em muitos assuntos, a igreja e a missão têm se tornado subservientes perante as forças do mundo na medida em que entram nas raias de competição entre si, de exaltação dos líderes e de meritocracia ministerial.

O panteão dos maiores e melhores não encontra lugar na teologia de Cristo. Somos, ao contrário, chamados à uma vida de quebrantamento e humildade, servindo primeiro ao outro. Assim, o maior desafio missionário não é plantar igrejas, mas amar. E a teologia da glória de Deus como finalidade máxima de vida e missão realinha a quem devemos exaltar, engrandecer e dar graças – somente à Ele. À proporção que a centralidade de Cristo influencia nossa vida pessoal, nossa mensagem e nossa missão, viveremos cada vez mais para a glória de Deus.

Paulo expõe esse tema em Romanos 16, versos 25 a 27: "Ora, àquele que é poderoso para vos confirmar segundo

4. A Missão

o meu evangelho e a pregação de Jesus Cristo" (escreve sobre Deus); "conforme a revelação do mistério" (o mistério é o Messias prometido a todos os povos); "e foi dado a conhecer por meio das Escrituras Proféticas" (meio de revelação), "segundo o mandamento do Deus eterno" (meio de eleição), "para a obediência por fé" (meio de salvação), "entre todas as nações" (a extensão do plano salvífico de Deus); e segue para nos apresentar o motivo mais profundo nesse indescritível e maravilhoso plano divino. Ele conclui no verso 27: "Ao Deus único e sábio seja dada glória, por meio de Jesus Cristo, pelos séculos dos séculos. Amém!" É a glória de Deus!

Esse é o maior e mais importante motivo para nos envolvermos com o propósito de tornar Jesus conhecido até a última fronteira do país mais distante, ou da família na casa vizinha.

O resultado da missão é a adoração a Deus

Deus deseja ser conhecido e adorado entre todos os povos da terra. Dentre vários, este é um dos grandes resultados da missão: pessoas de todas as tribos, línguas, povos e nações sendo redimidas pelo Senhor Jesus.

O evangelho tem se espalhado por quase toda a terra. Pelo poder e vontade de Deus, servindo-se da sua igreja como agente de proclamação das boas novas de salvação, a Palavra adentra lugares impensáveis e igrejas nascem entre os mais improváveis. Não é incomum acompanharmos pesquisas missionárias em regiões supostamente não alcançadas pelo evangelho e, lá chegando, sermos surpreendidos pela presença da igreja do Senhor Jesus. Por um lado, o evangelho de alguma maneira já havia chegado, pessoas foram transformadas e igrejas foram plantadas.

Por outro lado, há ainda muito a ser feito. Dentre os 7.000 povos não alcançados (com menos de 2% de cristãos evangélicos entre eles), cerca de 3.000 não possuem sequer um cristão conhecido. São mais de 1.600 línguas sem um verso traduzido da Escritura e vastas regiões sem a presença de uma só igreja de Cristo.

Estive em uma região desértica na Ásia, há pouco tempo, e o guia cristão que me acompanhava mostrou-me uma vasta região. Na conversa, disse que, ao longo daquela área, havia cerca de 800 vilas, e completou: "Não há sequer um cristão conhecido entre eles". Essa é ainda a realidade de muitos povos, muitas línguas e muitas regiões na terra. E o que falar do mundo pós-cristão, os povos minoritários em áreas remotas e os grandes movimentos da diáspora em todo o mundo?

Os tempos mudaram, mas não a missão. Que o Senhor desperte a sua igreja para realizar a sua vontade: ser conhecido e adorado entre todos os povos da terra.

A presente sociedade

O pluralismo junta-se ao pós-modernismo para negar os dogmas, as verdades absolutas, agregando os conceitos filosóficos de tolerância e antropológicos de diversidade. O pensamento plural resulta, especialmente, do movimento sociorreligioso dos séculos XVIII e XIX. Nesse período, tornaram-se aceitas duas diferentes maneiras complementares (e não paralelas) de entender o universo: a partir da Bíblia e a partir da natureza. Nega-se, portanto,

4. A Missão

a autoridade revelacional. Em outras palavras, tudo deve ser aceito como verdade desde que seja verdade para alguém. A multirreligiosidade é fruto do pós-modernismo pluralista e também do misticismo.

O misticismo é basicamente a crença na existência de algo além do visível e do compreensível; é a crença no mistério. "Místico" vem do grego *mustikos*: aquele que era estudioso do invisível e do transcendente. O misticismo é reconhecido como uma crença exploratória que, no contexto do pós-modernismo pluralista, se propõe a redefinir a verdade espiritual a qual passa a ter três características: a) múltiplas formas, manifestando-se universalmente em todas as religiões e crenças; b) não é necessariamente racional nem histórica; c) é alcançada pelo indivíduo quando ele se concentra em sua espiritualidade.

Por isso, o misticismo pode ser visto como o sistema religioso perfeito para esse contexto pós-moderno e líquido. Essa religiosidade não necessita de revelação, rejeita qualquer proposta dogmática e se fundamenta na percepção e na experiência do indivíduo. Cada um busca e cria a própria verdade.

A sociedade brasileira

A população brasileira é um bom exemplo de uma sociedade mística em geral. As crenças e experiências na relação do mundo do além com o do aquém são valorizadas em um movimento que gera sincretismo, geralmente, mais informal e menos institucional. Assim, mesmo os que dizem não crer em sorte e azar, mas no poder soberano de Deus, não raramente vestem-se de branco na virada do ano, paradoxalmente declarando que não creem que a cor da roupa determine seus dias. O que dizer da leitura do horóscopo por curiosidade, ou isolar com três toques na madeira algo a ser evitado e, ainda, não passar embaixo da escada para evitar que algo ruim aconteça?

Há também abundância do misticismo humanista na ordem de culto e mistura com as crenças bíblicas, como usar a Bíblia e a cruz como amuletos, o tom de voz como sinal de autoridade e o pensamento positivo nas declarações de sucesso e prosperidade. No inconsciente evangélico coletivo há, perigosamente, mais elementos místicos humanistas do que se percebe.

Misticismo e teologia também formam um tema a ser refletido, pois uma população mística tende a aceitar teologicamente apenas aquilo que experimenta. Assim, as convicções são relegadas a um crivo menos bíblico e mais sensorial. Encontramos nesta trilha uma dicotomia a ser evitada.

Se pensarmos nos extremos, podemos citar um grupo que denominarei por racionalistas e outro sensoriais. Os racionalistas creem que apenas a compreensão das verdades bíblicas seja suficiente para a vida cristã, mesmo não as experimentando. Ou seja, entender o conceito de fé é suficiente, mesmo não crendo de todo o coração. Já os sensoriais validam apenas aquilo que conseguem sentir. Para tais, se em algum momento não se sentem salvos, significa que perderam a salvação.

A Reforma protestante tratou profundamente desses assuntos ao resgatar a centralidade da autoridade bíblica e, simultaneamente, ao realçar que a Palavra edifica e gera fé. O evangelho, que é o poder de Deus, impacta, consideravelmente, a forma como pensamos, cremos, sentimos e nos sujeitamos à Deus e sua Palavra.

Barreiras à evangelização

Perante este panorama, quais as implicações da modernidade líquida, pluralista e multirreligiosa para a evangelização?

A primeira delas é a visão de que a sociedade desenvolveu acerca da Bíblia. Pelo crescimento do relativismo, boa parte da sociedade passou a rejeitar a Bíblia como a revelação e a apresentação da verdade sobre Deus e a humanidade, enxergando-a apenas como uma das possíveis maneiras - e a mais ingênua e simplória - de compreender a verdade histórica e espiritual.

Há cerca de 30 anos, os projetos evangelísticos utilizavam versículos bíblicos para gerar reflexão, com boa aceitação, pois havia um pressuposto de autoridade bíblica mesmo entre os não cristãos. Eu me recordo quando acompanhei meu pai em algumas visitas de evangelização. Mesmo em lares não cristãos, a Bíblia era vista ao menos como um livro especial. Hoje, para muitos, é vista como um mito cristão, um texto ultrapassado e retrógrado.

O segundo obstáculo é a visão de pecado. Antes da influência pluralista, a sociedade concebia três expressões de erro humano: moral, espiritual e cultural. Atualmente, reconhece apenas uma: o erro moral, como a corrupção, o assassinato e a violência. Com a premissa de inexistir verdade absoluta, o erro espiritual tornou-se nulo.

Semelhantemente, anulou-se o erro cultural, uma vez que toda escolha humana passou a ser tolerada.

A terceira objeção se refere a Cristo. Indiscutivelmente, a sociedade mística e multirreligiosa aceita Cristo, porém, não admite a sua singularidade. Para eles, Jesus é um lindo caminho dentre muitos; uma boa influência dentre muitas. A rejeição não é da pessoa de Jesus Cristo, mas a repulsa pela sua singularidade, o que, em última análise, é a negação da essência de Cristo, visto que Ele é singular. Se a igreja não pregasse a singularidade de Jesus, ela seria aceita e aplaudida em toda a parte. As pressões e perseguições são um resultado direto desse capítulo central da nossa fé: há um só caminho – Jesus.

Entendo que essas três negações (autoridade bíblica, o pecado e a singularidade de Cristo) fazem da presente sociedade uma das mais resistentes ao evangelho. Entretanto, o resultado das influências sociofilosóficas citadas não é visto apenas na coletividade, mas também na igreja de Cristo. Tal descompasso conduz à exaltação do homem na igreja em vez de Deus, a diluir e minimizar a pregação contra o pecado e a desenvolver um perfil triunfalista, seja da máxima valorização do prazer e bem estar momentâneos, seja da experiência de conquista e sucesso individual.

Os crentes, sob tal influência, portanto, tendem a comparecer aos cultos para se sentirem bem, não para serem edificados. Interpretam a Bíblia no interesse de serem confortados, nunca para serem confrontados. Buscam aconselhamento cristão para justificarem seus erros e evitam, a todo custo, qualquer sacrifício pelo evangelho.

Essas influências humanistas, líquidas e relativistas tornam-se, também, os elementos da antimissão, uma vez

4. A Missão

que crentes e igrejas que olham apenas para a própria vida jamais sairão às ruas para proclamar o evangelho de Cristo ou socorrer o aflito. Há igrejas evitando o uso do termo "pecado" durante os cultos. A justificativa é a presença de visitantes e novos convertidos, para não constrangê-los. No entanto, como pregar o evangelho de Cristo sem proclamar que o homem está completamente perdido e nas trevas? Agradar ao público e comunicar fielmente a Palavra são ações incompatíveis.

A evangelização, nesse cenário, precisa de fidelidade no conteúdo e novas roupagens na abordagem. Os pressupostos religiosos da sociedade mudaram. A privacidade e pluralismo tem retirado dos jovens o valor comunitário. O relativismo os faz questionar e duvidar de toda autoridade pessoal e institucional, e tudo o que extrapola o aceitável coletivo é cancelado.

O individualismo, associado ao misticismo, os inclina a crer em tudo sem estar convencido de nada, sem qualquer compromisso. Os textos bíblicos são reputados na forma de contos ingênuos de uma sociedade retrógrada e simplista.

O que fazer? Creio que, perante esse quadro, é preciso reavivar o evangelismo marcado pelos relacionamentos e não apenas pelos eventos; fundamentar a apologética bíblica e não somente a citação bíblica; testemunhar a verdadeira transformação de vidas que se envolvem, se importam e transformam a sociedade onde estão; e proclamar o verdadeiro evangelho – somente Jesus.

Diante disso, a atitude cristã contraposta se alicerça em (1) pregar a Palavra, sempre citando e explicando os trechos bíblicos, e declarar nossa fé na autoridade das Escrituras; (2) pregar o evangelho de forma narrativa-apologética, esclarecendo a sã doutrina e confrontando as verdades contidas na Palavra com a crença (ou falta de crença) da sociedade e seus valores; (3) pregar acerca do pecado não apenas como um mero erro moral, mas também cultural e espiritual; (4) enfatizar a singularidade de Cristo: Jesus não é apenas um belo e amável caminho de reconciliação com o Pai; Ele é o único caminho, portanto, sem Cristo existirá tão somente escuridão e morte. Cumpramos a missão!

PARA REFLEXÃO

Neste capítulo observamos que a igreja é chamada por Deus a servi-lo de todo o seu coração. Há uma missão geral, isto é, salgar e iluminar, bem como, uma missão específica, que se manifesta em proclamar o evangelho de Cristo em toda parte, cuja difusão ocorre pela igreja por meio do ensino, da proclamação e do testemunho. Já o cumprimento da missão geral da igreja, dada por Cristo, reside no poder de Deus em meio a uma sociedade desafiadora, mística, pluralista e relativista. Para tanto, o povo de Deus deve reafirmar a sua crença na autoridade das Escrituras, expor o pecado como erro moral, cultural e espiritual, além de proclamar a singularidade de Jesus como único caminho de vida.

1. Qual a relação da identidade da igreja com a sua missão?
2. Como compreender e aplicar o chamado da igreja para a missão geral e específica em seu dia a dia?
3. Quais os principais passos para cumprirmos a missão na presente sociedade?

Capítulo 5

OS SOFRIMENTOS

Em se tratando da vitalidade da igreja, considero primordial estabelecer o fundamento. A firme verdade bíblica e o seu conteúdo fiel apontam para caminhos definidos e saudáveis para as igrejas locais, como também, norteiam princípios e experiências importantes para as igrejas que sofrem e estão quebradas.

Abordarei, a seguir, três posicionamentos sobre o tema. Por possuírem um caráter essencial e desafiador, acredito que serão úteis para os que desejam cooperar para o amadurecimento de uma igreja local.

Diferentes igrejas sofrem de diferentes maneiras

Neste posicionamento incial, eu o convido a perceber a vivência e experiência única de cada igreja. De fato, cada uma tem pontos fortes e desafios próprios. Em outras palavras, diferentes igrejas enfrentam diferentes problemas de diferentes maneiras.

Um dos maiores erros nas ações de revitalização e fortalecimento de igrejas locais é a falta de diagnóstico. Assim, os medicamentos são oferecidos a um paciente sem clara certeza da sua enfermidade, tornando os resultados superficiais.

Em Apocalipse 2, o Senhor descreve a fé e a vida de algumas igrejas. Ele as encoraja e as desafia, provendo específico tratamento sobre cada igreja e sua situação.

Éfeso

Os versículos 1 a 7 retratam a igreja em Éfeso: "conheço as tuas obras, tanto o teu labor como a tua perseverança [...]" (v.2). O Senhor expressa importantes e positivas características dessa igreja local. Ele enfatiza suas ações e estilo de vida, seu árduo trabalho e sua perseverança. Elogia essa igreja por ter abraçado a doutrina bíblica, pois "[...] puseste à prova os que a si mesmos se declaram apóstolos e não são, e os achaste mentirosos". Mesmo sob pressão, a igreja tinha discernimento espiritual e agia contra os falsos mestres, que perderam o espaço e a voz na igreja em Éfeso.

Para além disso, o Senhor Jesus descreve a resiliência da igreja, pois "[...] suportaste provas por causas do meu nome, e não te deixaste esmorecer" (v.3). Mesmo perante pressões e perseguições, a igreja em Éfeso confessava o nome de Jesus e mantinha-se animada na caminhada cristã. Lidamos, portanto, com uma igreja exemplar no trabalho, na missão e na doutrina, tendo líderes cuidadosos e com discernimento teológico.

Contudo, no versículo 4, o Senhor faz uma fortíssima afirmação: "Tenho, porém, contra ti que abandonaste o teu primeiro amor". O problema da igreja em Éfeso era seu relacionamento pessoal com o Senhor. Embora mantivessem boa doutrina, perseverança na fé e testemunho cristão, não andavam com o Senhor como no passado.

O "primeiro amor", como vemos no texto, é algo pessoal ("tenho contra ti"), é uma perda ("abandonaste"), e é espiritual ("lembra-te de onde caístes"). Trata-se de um pecado: substituíram o amor a Cristo pela religiosidade, pela mera tradição cristã. É como um casamento que, depois de anos de paixão, amor e fidelidade, cai na monotonia, e o noivo, ainda apaixonado, vira-se para sua noiva e diz: "você não me ama mais".

Essa realidade destaca uma importante compreensão teológica e prática sobre as igrejas locais: é possível ser forte em algumas áreas espirituais e, ao mesmo tempo, enfrentar profundas lutas em outras. Conhecer a raiz do problema é o primeiro passo para buscar a cura, na presença e na força de Deus.

Pérgamo

O diagnóstico da igreja em Pérgamo está descrito nos versículos 12 a 17. Inicialmente, o Senhor elogia notoriamente: "[...] conservas o meu nome e não negaste a minha fé [...]" (v.13). E confirma que eles permanecem fiéis mesmo durante grande perseguição. Refere-se especificamente aos "[...] dias de Antipas, minha testemunha fiel, o qual foi morto entre vós, onde Satanás habita". Acredita-se que foi um cristão martirizado por sua fé naquela cidade, por afirmar que não há outro Senhor, a não ser Jesus Cristo. A tradição cristã defende que ele foi queimado vivo no ventre de um touro de ferro. Com essa descrição, percebemos se tratar de uma igreja valente, que crê e confessa o nome de Jesus, ainda que em face de perseguição sacrificial.

No entanto, no versículo 14, o Senhor diz: "Tenho, todavia, contra ti algumas coisas, pois que tens aí os que sustentam a doutrina de Balaão [...]". E segue: "Outrossim, também tu tens os que da mesma forma sustentam a doutrina dos nicolaítas"(v. 15). O problema da igreja em Pérgamo era a tolerância às falsas doutrinas, especialmente relacionadas à idolatria e à imoralidade.

A história de Balaão foi narrada em Números 22 a 24. Na época, Balaque, rei dos moabitas, inimigo de Israel, contratou o profeta Balaão para profetizar contra o povo de Deus. O Senhor, todavia, não o permitiu e por três vezes Balaão abençoava e não amaldiçoava. Até o momento, Balaão parecia um profeta temente a Deus, falando apenas aquilo que o Senhor ordenava.

Porém, em Números 31, a narrativa mostra que Balaão agiu de outra forma, ensinando aos adversários táticas para derrotar o povo de Deus. As mulheres, que não pertenciam à Israel, seduziriam os homens para se relacionarem com eles e, por esse meio, levá-los a adorar outros deuses. Lamentavelmente, essa doutrina de Balaão permanece viva em nossos dias, quando ouvimos: seja cristão, mas usufrua de um namoro com sexo livre; seja cristão, mas sonegue os impostos e abrace a corrupção; seja cristão, mas fique tranquilo para adulterar; seja cristão, mas vá à balada; seja cristão, mas não propague sua fé para não constranger as pessoas; seja cristão, mas esqueça que Jesus é o único caminho.

Já os Nicolaítas, sobre os quais a Bíblia não diz muito, foram várias vezes citados na história da igreja como pessoas que abraçavam tudo o que lhes dava prazer. É, de certa forma, semelhante ao liberalismo cristão em nossos dias, defendendo a falsa ideia de ser possível o cristão guardar o seu espírito e fé, e se entregar aos desejos do corpo e da mente. É a pregação que diz: creia em Cristo e satisfaça todos os desejos da carne.

Nota-se, mais uma vez, a presença de um paradoxo nesse contexto: como uma igreja é fiel e confessa Jesus como Senhor e Salvador, ainda que em tribulação, porém abre as portas para heresias, trazendo idolatria e imoralidade para seu meio? Isso nos revela, novamente, que diferentes igrejas sofrem de distintas e inúmeras maneiras.

Tiatira

A carta à igreja em Tiatira está compreendida nos versículos 18 a 29. O versículo 19 é admirável: "conheço as tuas obras, o teu amor, a tua fé, o teu serviço, a tua perseverança e as tuas últimas obras, mais numerosas do que as primeiras".

No elogio de Jesus à igreja, cinco palavras significativas sobressaem: obras, amor, fé, serviço e perseverança.

Sem dúvida, era uma igreja forte. Trabalhava mais do que no passado. Não deixava nada pela metade, pois perseverava em seus caminhos. Orientada pelo amor e pela fé, desembocando no serviço diário, fazia imaginar que havia naquela igreja bom pastoreio e ótimo serviço diaconal.

O problema na igreja em Tiatira era a tolerância às falsas profecias e revelações. Isso levou a igreja à imoralidade, à idolatria e à confusão. Veja: "tenho, porém, contra ti o tolerares que essa mulher, Jezabel, que a si mesma se declara profetisa, não somente ensine, mas ainda seduza os meus servos a praticarem a prostituição e a comerem coisas sacrificadas aos ídolos" (v.20).

Não obstante o cultivo de várias virtudes, a igreja não possuía bom discernimento sobre falsos profetas e profecias, o que criou um ambiente propício para pessoas especularem falsas revelações, propagando imoralidade, idolatria e confusão.

Diante dessa porção bíblica, delineamos três igrejas com diferentes forças e diferentes fraquezas. Em Éfeso, eles não andavam com o Senhor como no passado. Sua fraqueza era seu relacionamento com o Senhor Jesus. Já em Pérgamo, era a tolerância aos falsos ensinos - erro na doutrina. Em Tiatira, o desarranjo foi permitir a entrada de falsas profecias e falsas revelações - erro no discernimento.

Reitero, assim, que diferentes igrejas adoecem de diferentes maneiras. Estou convencido de que o principal erro que cometemos ao ajudar uma igreja local a crescer espiritualmente é promover um tratamento sem conhecer bem a enfermidade.

5. Os Sofrimentos

Minha mãe, Euza Lidório, morou no interior do norte de Minas Gerais durante a sua infância. Ela conta que havia um médico que prescrevia o mesmo remédio para qualquer tipo de doença. Se alguém apresentasse queixa de dor de cabeça, dor de estômago ou qualquer outro distúrbio, ele sempre prescrevia o mesmo medicamento, da cor amarela, na excelente memória dela.Talvez isso fosse corriqueiro, porque ele não era capacitado para determinar um adequado diagnóstico, ou talvez ele não tivesse outros fármacos disponíveis naquele momento. Contudo, tal atitude não amparava boa parte dos pacientes. Compreender o problema é um passo importante para buscar a cura e o crescimento em Cristo Jesus.

Nesse ponto, proponho a você pausarmos para refletir, por um breve momento, nas igrejas que conhecemos. Existem igrejas que não recebem um bom ensino bíblico. A igreja é cheia de amor e companheirismo, as pessoas gostam de estar juntas e ajudar umas às outras, todavia, o ensino bíblico é fraco. Logo, é uma igreja que fraqueja em sua fé, em suas convicções bíblicas.

Em outras igrejas, o ensino e a pregação são pontos altos. Eles têm pregadores experientes e sábios que apresentam as Escrituras de maneira fiel, compreensível e aplicável. Inclusive, possuem programa de ensino bíblico que atinge todas as faixas etárias. Porém, internamente, a igreja encontra-se dividida, cheia de competição e discórdia entre os seus membros. Não há verdadeira comunhão entre eles. Eles podem explicar a sua confissão de fé, entretanto, não conseguem sentar juntos à mesma mesa.

Em outra situação há igrejas que dispõem de ensino bíblico frutífero e experimentam profundo amor e comunhão entre os membros. São zelosos no que creem e como vivem. No entanto, eles não oram. A reunião de oração está sempre vazia. Como reflexo da liderança, as famílias deixam de orar e a igreja fica estagnada na vida de oração. Se marcar uma reunião com foco na adoração ou no ensino das Escrituras, a comunidade, em peso, comparece; já se pauta for oração, apenas alguns vão.

Existem ainda outras igrejas providas de muitas qualidades, como o ensino, a comunhão e a oração. Conhecem o que creem, valorizam o relacionamento entre os irmãos e priorizam a oração. No entanto, eles não se envolvem com a missão. Eles não pregam o evangelho a outros em sua própria rua, bairro ou cidade, tampouco se envolvem em alcançar os não alcançados. São igrejas cheias de cristãos piedosos, que entendem e abraçam o ensino bíblico e vivem em alegria entre si, no entanto, não são frutíferos. Eles se assemelham ao sal que não salga.

É possível encontrar igrejas fiéis em diversas áreas da fé e da vida cristã, entretanto, não têm boa liderança. Os líderes não inspiram, são apáticos e centralizadores. Pouco fazem e, ainda assim, não dão espaço para os outros crescerem. A igreja tem alto potencial, mas a liderança torna-se uma barreira ao amadurecimento e crescimento. A igreja não floresce.

Como se vê, diferentes igrejas enfrentam diferentes problemas de diferentes maneiras. Identificar o problema e as enfermidades enraizadas são os primeiros passos para cooperar com a igreja, para que cresça espiritualmente para a glória de Deus.

Rossana e eu trabalhamos no plantio de uma igreja em uma etnia na Amazônia há alguns anos. A igreja amadurecia aos poucos, quando, em um determinado dia, receberam alguns visitantes que trouxeram dúvidas sobre a singularidade de Cristo, ao defender vários caminhos para a salvação, e não apenas o Senhor Jesus. Promoveram confusão em quase toda a comunidade cristã, causando muitos embates, pois quase todos os crentes eram novos na fé.

Observe que nossa postura poderia implicar em encorajamento de tempo de adoração genuína, zelo na oração, envolvimento maior na missão, ensino aprofundado sobre diversos temas importantes nas Escrituras, porém, um problema específico exige uma resposta específica. O problema era sobre a doutrina da singularidade de Jesus Cristo. Essa era a raiz do adoecimento.

Tendo isso em mente, dedicamos um período de estudo e debates juntos, meditando sobre a identidade de Cristo. Depois disso, a igreja voltou fortalecida. O meu objetivo, ao partilhar esta experiência, é: diagnosticar bem a enfermidade é crucial para cooperar com a igreja, para que ela se fortaleça em Deus. E isso exige oração, observação, discernimento e avaliação.

Cada fase traz seus próprios desafios

Outro importante posicionamento trata sobre as fases da igreja. Cada fase em uma igreja local traz seus próprios desafios.

Observe que igrejas diferentes, ainda que localizadas na mesma região e plantadas pela mesma equipe, frequentemente, se encontram em fases distintas. Cada uma florescerá na sua própria história e ritmo. Dentre diversas classificações dessas fases no desenvolvimento de uma igreja local, para o nosso propósito, examinaremos quatro: pioneirismo, formação, desenvolvimento e maturidade.

Inicialmente, torna-se relevante explicitar que nem todas as características de cada fase se mostram tão claras e bem definidas na vida real, tampouco são etapas ideais. Meu intuito é elencar formas de organização em características que promovem desenvolvimento natural em direção à maturidade. Essas fases são norteadoras para toda a igreja e sua liderança, o plantador de igrejas, a equipe missionária e a instituição. Mediante tal clareza, os responsáveis podem observar, orar, refletir e definir, de modo sensato, os próximos passos, tendo em mente que o principal alvo é a maturidade espiritual da igreja.

A fase de *pioneirismo* é o momento inicial em que as pessoas estão sendo evangelizadas. Alguns estão interessados no evangelho e a expectativa é serem transformados pelo Senhor, tornando-se seguidores de Jesus Cristo. É possível que outros já tenham experimentado um novo nascimento e estejam sendo discipulados. Alguns pequenos grupos podem estar no início de suas reuniões e existe uma possibilidade de, em breve, os encontros regulares iniciarem. Nessa etapa pioneira, quase todas as decisões, iniciativas e responsabilidades recaem sobre os plantadores da igreja. Além disso, o foco dos plantadores é direcionado aos indivíduos e famílias, principalmente na evangelização e discipulado.

A fase de *formação* é marcada por encontros regulares, no mínimo, mensais. Os convertidos ou interessados no evangelho começam a se reunir em determinada frequência e as características essenciais de uma igreja local começam a emergir, como: o estudo da Palavra, a adoração, a comunhão e a oração. Além disso, outras práticas como o envolvimento com a missão, começam a florescer. Nesta fase de formação, os crentes participam das decisões diárias e de algumas iniciativas, no entanto, a responsabilidade é do plantador de igrejas que, em geral, ainda toma as principais decisões. O foco é dividido: por um lado, as pessoas continuam a ser evangelizadas e discipuladas, todavia, por outro lado, o foco principal está na comunidade cristã, no Corpo, suas necessidades e dinâmicas.

A fase de *desenvolvimento* é definida pelo fortalecimento das características de uma igreja local. Proporcionalmente, amplia-se a compreensão bíblica e o comprometimento de cada um com o grupo, e os crentes passam a participar ativamente da vida da igreja, assumindo a liderança em diversas áreas. Nesta fase, os membros tomam decisões e iniciativas, que é impulsionado por um grupo de liderança, de um líder indicado por eles ou até mesmo de toda a comunidade cristã, a depender da forma de governo. Essa etapa também assinala, para o plantador, sua gradual mudança de posição a fim de ser conselheiro ou consultor, e a liderança da igreja está estabelecida e ativa. Quase todas as outras ações, incluindo a evangelização e o discipulado, agora acontecem através da igreja e não apenas de alguns indivíduos.

A fase da *maturidade* se configura quando a igreja local começa plenamente a ter as características bíblicas de uma igreja. Ela toma suas próprias decisões, se sustenta e aplica as verdades bíblicas ao seu contexto. A participação do plantador, se houver, é uma consulta sob demanda. A liderança assume todas as responsabilidades e atua em todas as áreas de necessidade administrativa, pastoral, de ensino e cuidado. A igreja madura expande seu foco, buscando oportunidades de evangelização e multiplicação. Em algum momento, começa a lidar com aqueles que Deus chamou para o ministério. Eles precisarão de uma orientação clara para o treinamento teológico ou missionário, bem como o envio.

Podemos também observar essas quatro fases (pioneirismo, formação, desenvolvimento e maturidade) em relação a outros elementos essenciais na igreja, como a teologia, dinâmica relacional, liderança, governo, objetivos e prioridades. Apresentarei esse assunto no apêndice do livro, para os que desejam observar o assunto mais de perto.

O Senhor deseja que as igrejas sejam fortalecidas

Talvez este último posicionamento devesse ter sido o primeiro. O desejo do Senhor é que as igrejas locais sejam espiritualmente maduras e vivas, com elevada vitalidade de fé. Esta é uma declaração simples, mas de extrema importância.

Escrevendo aos Efésios, o apóstolo Paulo conclui sua carta com uma ordem: "Quanto ao mais, sede fortalecidos no Senhor e na força do seu poder." (Ef 6:10). Ao ponderar ao longo desta carta sobre algumas das principais doutrinas do cristianismo, ele termina com apenas um conselho:

"Sede fortalecidos no Senhor". É o desejo do Senhor que sua igreja cresça espiritualmente, sendo uma igreja forte e viva.

Em João 16, Jesus menciona o Espírito Santo e suscita três de suas principais funções. A primeira está no versículo 8 e afirma que o Espírito convencerá o mundo sobre seus pecados. No verso 13, lemos que o Espírito Santo guiará e encorajará a sua igreja por todo o caminho. O versículo 14 mostra a terceira função - o Espírito Santo glorificará o Filho, Jesus Cristo. Fica evidente, então, três atribuições: convencer os pecadores, encorajar a igreja e glorificar a Cristo.

A respeito do encorajamento da igreja, no versículo 13, vemos que o Espírito Santo vai "guiar" a igreja: "quando vier, porém, o Espírito da verdade, ele vos guiará a toda a verdade; porque não falará por si mesmo, mas dirá tudo o que tiver ouvido e vos anunciará as coisas que hão de vir". A expressão grega para guiar é *hodegeo*. Significa conduzir passo a passo durante todo o caminho, como alguém que dá a mão ao outro, para ir na direção certa. A vontade de Deus, revelada na Palavra e realizada pelo Espírito Santo em nós, é esta: guiar a sua igreja para conhecer, amar, seguir e servir a Jesus, passo a passo, até a maturidade.

Por fim, ressalto que já é possível vislumbrar a última fotografia da igreja. Veja: "Então, ouvi uma como voz de numerosa multidão, como de muitas águas e como de fortes trovões, dizendo: Aleluia! Pois reina o Senhor, nosso Deus, o Todo-Poderoso. Alegremo-nos, exultemos e demos-lhe a glória, porque são chegadas as bodas do Cordeiro, cuja esposa a si mesma já se ataviou, pois lhe foi dado vestir-se de linho finíssimo, resplandecente e puro. Porque o linho finíssimo são os atos de justiça dos santos" (Ap 19:6-8).

É o desejo de Deus que a sua igreja seja limpa, pura, madura, forte, fiel e frutífera. Ele está trabalhando nisso, para a nossa paz e a sua glória.

PARA REFLEXÃO

Neste capítulo vimos que diferentes igrejas sofrem de diferentes maneiras. À luz de Apocalipse 2, percebemos que é possível ser uma igreja forte em certas áreas e fraca em outras. Assim, é imprescindível obter o diagnóstico certo antes de promover o tratamento. Cada igreja local encontra-se também em uma fase específica de existência. Citei quatro como referência (pioneira, formação, desenvolvimento e maturidade) e é importante perceber em que fase a igreja se encontra, a fim de que seja fortalecida e transite para a próxima de forma saudável. É desejo de Deus que cada igreja local seja fortalecida espiritualmente. A ação do Espírito Santo é constante, poderosa e intencional para que o povo de Deus amadureça na fé e siga Jesus de perto.

1. Qual a importância de um bom diagnóstico para a saúde espiritual de seu coração, família e igreja local?
2. Você está disposto a fazer, na Palavra, uma sincera avaliação de vida e fé?
3. Quais são alguns motivos atuais que levam a igreja a enfraquecer?

Capítulo 6

SETE PRÁTICAS ESPIRITUAIS

Compreender as raízes dos desafios em uma igreja local é uma jornada de discernimento. Tal atitude requer embasamento nas Escrituras, mediante oração e em um ambiente que propicie comunhão e dependência de Deus.

Se lermos atentamente as epístolas do apóstolo Paulo, veremos que elas foram resultado de discernimento espiritual. Sabemos que, neste caso, as cartas foram inspiradas pelo Espírito Santo, mas também encontramos diversas maneiras pelas quais o Senhor trouxe entendimento e discernimento na mente de Paulo para escrevê-las. Cada carta apresentava sua própria abordagem e tratava de desafios específicos.

Ao escrever sua primeira carta à igreja de Corinto, vemos Paulo corrigindo claramente problemas específicos. Como Paulo sabia sobre esses desafios? Ele cita algumas fontes que trouxeram informações e, com isso em mãos, ele teve discernimento para encorajar e confrontar a igreja em áreas de grave necessidade. Ele menciona nomes de várias pessoas com quem esteve em contato a respeito da igreja em Corinto: Timóteo, Apolo, a família de Estéfanas, Fortunato e Acaico (1Co 16:10-17). O Senhor usa detalhadas informações e percepções para construir discernimento, ensinar e guiar seu povo.

No apêndice 2, serão pormenorizadas as orientações práticas para a avaliação de uma igreja local. Aqueles que prosseguirão nessa tarefa, de forma mais específica, farão bom uso dos apêndices neste livro.

Nesse capítulo, porém, gostaria de chamar a sua atenção para sete áreas a serem observadas quanto ao fortalecimento espiritual. Certamente, podem ser praticadas tanto na vida pessoal, familiar, de uma equipe missionária ou de uma igreja local.

Práticas de fortalecimento espiritual

Para isso, sugiro utilizarmos a teologia bíblica. Esta abordagem inicial que proponho é baseada nos ensinos do apóstolo Paulo e no livro de Atos sobre o crescimento espiritual. Alguns anos atrás, estudando o livro de Atos e as cartas paulinas, e usando critérios hermenêuticos de destaque e repetição, percebi a ênfase descrita em sete práticas cristãs ligadas ao fortalecimento espiritual

6. Sete Práticas Espirituais

do crente e da igreja local. São elas: doutrina, adoração, comunhão, oração, santidade, boas obras e proclamação[10].

O objetivo é avaliar a igreja em cada área essencial da vida cristã, em destaque para tais práticas bíblicas. Em seguida, nossa meta é gerar um nítido entendimento sobre a sua vitalidade, ou seja, seus pontos mais fortes e mais fracos. Minha sugestão é categorizar cada uma dessas sete práticas espirituais com alta, média ou baixa vitalidade. Isso nos ajudará no processo de diagnóstico e discernimento.

Nesta altura, reforço que esta avaliação não visa buscar as fraquezas da igreja. Considero igualmente relevante identificar as áreas em que a igreja é forte. É tão importante quanto identificar as fracas, pois tais aspectos em que a igreja já está fortalecida, seguramente ajudarão as frágeis a florescer.

A estratégia consiste em abordar cada uma das sete áreas de observação investigando dois ângulos: a convicção bíblica e a vida prática diária. Tais parâmetros balizam como a igreja entende o ensino bíblico, a sua convicção sobre o assunto; e atestam como a igreja abraça e aplica esse ensino em sua vida diária.

Ambos os ângulos estão de acordo com a teologia de Paulo, pois são imprescindíveis a fim de entender e gerar convicção sobre o que é bíblico e, ao mesmo tempo, aplicar o que aprendemos em nossa vida cotidiana, como em

---

[10] Doutrina: At 2:42; 1Tm 4:16; 2Tm 4:2; Tt 2:1; At 2:46-47. Adoração: At 2:46-47; Rm 12:1-2; Cl 3:16; 1Co 14:12-17; Ef 5:18-20. Comunhão: At 2:42,45-46; Fp 2:1-2; Ef 4:32; Gl 6:10; Cl 3:16; Rm 12:10. Oração: At 2:42; Fp 4:6; 1Ts 5:17; Rm 8:26-27; Ef 6:18; 1Tm 2:8. Santidade: At 2:43; 2Co 7:1; 1Ts 4:7; Ef 5:3; Rm 12:1-2. Boas obras: At 2:45; Ef 2:10; 2Co 5:10; Tt 2:7; 3:1; 3:8; 3:14. Proclamação: At 2:40-41; At 8:4; Rm 10:14-15; 1Co 1:22-24; 9:16; Gl 1:8-9; 2 Tm 4:2.

nossos relacionamentos, empregos, círculos familiares e missão.

Nesse sentido, três perguntas são direcionadas para cada uma das sete práticas espirituais enquanto observamos a igreja local. A primeira investiga se a igreja tem entendimento bíblico e convicção sobre as práticas espirituais. Já a segunda busca saber se os membros da igreja aplicam as práticas espirituais na vida diária. E a terceira pergunta questiona se a igreja, como comunidade, abraça essa prática. Como possuem o alvo de orientar em meio ao diagnóstico, sinta-se à vontade para formular as suas próprias perguntas a fim de analisar a convicção e prática da igreja sobre essas sete áreas de fortalecimento espiritual.

Várias porções da Escritura podem ser utilizadas para apresentar essas práticas como foram resumidas por Paulo em diversos textos, além de destaques no livro de Atos, como registrados na nota de rodapé anterior. De fato, é uma teologia bíblica encontrada abundantemente por toda a Palavra, mas seguiremos o presente recorte para nossa observação. A fim de buscarmos um maior grau de detalhamento, tomemos como base para este estudo o texto de Atos 2:40-47, que corrobora cada ponto com a teologia paulina em suas cartas.

Em Atos 2, Lucas descreve a igreja nos primeiros dias, logo após o Pentecostes. Era uma igreja cheia do Espírito Santo e vivia sua fé em Jesus Cristo. Longe de ser uma comunidade perfeita, pois enfrentou vários problemas como mentiras, competição, falsas doutrinas e divisões. Entretanto, nesse capítulo, notamos uma descrição das

6. Sete Práticas Espirituais

áreas de crescimento espiritual promovidas pelo Senhor e os frutos colhidos: crescimento espiritual.

"Com muitas outras palavras deu testemunho e exortava-os, dizendo: Salvai-vos desta geração perversa. Então, os que lhe aceitaram a palavra foram batizados, havendo um acréscimo naquele dia de quase três mil pessoas. E perseveravam na doutrina dos apóstolos e na comunhão, no partir do pão e nas orações. Em cada alma havia temor; e muitos prodígios e sinais eram feitos por intermédio dos apóstolos. Todos os que creram estavam juntos e tinham tudo em comum. Vendiam as suas propriedades e bens, distribuindo o produto entre todos, à medida que alguém tinha necessidade. Diariamente perseveravam unânimes no templo, partiam pão de casa em casa e tomavam as suas refeições com alegria e singeleza de coração, louvando a Deus e contando com a simpatia de todo o povo. Enquanto isso, acrescentava-lhes o Senhor, dia a dia, os que iam sendo salvos." (At 2:40-47).

Doutrina

Ressalto o verso 42, em que eles "perseveraram" no ensino dos apóstolos. Isso significa que eles se mantiveram dia a dia aprendendo a Palavra. A expressão grega traduzida por "ensino" é *didache*, que é o mesmo que "doutrina". Doutrina é o conjunto de verdades que os apóstolos aprenderam de Jesus. Essa foi a forma utilizada para entender o Antigo Testamento à luz dos ensinamentos de Jesus.

Em Romanos 6:17, Paulo lida, novamente, com a mesma expressão (*didache*) para agradecer ao Senhor por seus irmãos e irmãs de Roma. Eles "eram escravos do pecado" mas passaram a obedecer à "doutrina" (*didache*) que lhes deu liberdade.

A passagem de 2 Timóteo 4:2 indica uma ordem ao jovem Timóteo: "prega a palavra, insta, quer seja oportuno, quer não, corrige, repreende, exorta com toda a longanimidade e doutrina". A expressão "doutrina" é *didache*, isto é, os ensinamentos dos apóstolos.

Conceito de doutrina: podemos definir como o conjunto de verdades bíblicas, apresentado em toda a Palavra, que entendemos, cremos e buscamos aplicar em nossas vidas.

Algumas perguntas podem ser úteis para avaliar a vitalidade da igreja em relação à doutrina. A primeira coluna trata da abordagem. A segunda, a própria questão. A terceira, a conclusão do grupo de avaliação da igreja local: alta, média ou baixa vitalidade naquela área específica.

Tais questionamentos são suscitados para servirem como ponto de partida para o diálogo e a reflexão no processo de discernimento. Várias outras perguntas podem ser elaboradas e feitas pelo grupo de avaliação, debaixo de oração e diálogo sincero.

Doutrina		
Abordagem	Pergunta	Vitalidade (A, M ou B)
Convicção	A maioria da igreja tem um claro entendimento bíblico e convicção sobre as principais doutrinas das Escrituras?	
Aplicação pessoal	A maioria dos membros da igreja busca aplicar suas convicções bíblicas em suas vidas diárias?	
Vida em comunidade	A igreja, como comunidade, mostra interesse em aprender e crescer em sua compreensão da Palavra de Deus?	

Adoração

Atos 2:46,47 diz: "Diariamente perseveravam unânimes no templo, partiam pão de casa em casa e tomavam as suas refeições com alegria e singeleza de coração, louvando a Deus e contando com a simpatia de todo o povo. Enquanto isso, acrescentava-lhes o Senhor, dia a dia, os que iam sendo salvos".

Os cristãos se reuniam tanto nos templos quanto nas casas "louvando a Deus". A expressão grega usada para "louvar" é *ainountes*. Também aparece em Lucas 2:13,14: "E, subitamente, apareceu com o anjo uma multidão da milícia celestial, louvando a Deus e dizendo: Glória a Deus nas maiores alturas, e paz na terra entre os homens, a quem ele quer bem".

O mesmo termo também é identificado em Lucas 19:37,38: "[...] toda a multidão dos discípulos passou, jubilosa, a louvar a Deus em alta voz, por todos os milagres que tinham visto, dizendo: Bendito é o Rei que vem em nome do Senhor! Paz no céu e glória nas maiores alturas!".

O apóstolo Paulo ensinou abundantemente sobre a adoração. À igreja em Roma, ele instrui: "Rogo-vos, pois, irmãos, pelas misericórdias de Deus, que apresenteis o vosso corpo por sacrifício vivo, santo e agradável a Deus, que é o vosso culto racional. E não vos conformeis com este século, mas transformai-vos pela renovação da vossa mente, para que experimenteis qual seja a boa, agradável e perfeita vontade de Deus" (Rm 12:1,2).

À igreja em Colossos, ele recomenda: "Habite, ricamente, em vós a palavra de Cristo; instruí-vos e aconselhai-vos mutuamente em toda a sabedoria, louvando a Deus, com salmos, e hinos, e cânticos espirituais, com gratidão, em vosso coração" (Cl 3:16).

Toda a Escritura convida o povo de Deus a louvar, adorar e exaltar o Senhor, e este convite é para cada cristão, bem como para toda a irmandade.

Conceito de adoração: podemos definir como uma atitude do coração que exalta a Deus por meio de palavras, cânticos, orações e ações.

Algumas perguntas podem ser úteis nesse assunto, veja:

Adoração		
Abordagem	Pergunta	Vitalidade (A, M ou B)
Convicção	A maioria da igreja tem um claro entendimento bíblico sobre a adoração?	
Aplicação pessoal	A maioria dos membros da igreja busca ter uma vida diária de adoração?	
Vida em comunidade	A igreja, como comunidade, tem motivação e alegria em Cristo com a adoração cúltica?	

Comunhão

Em Atos 2:42, lemos: "E perseveravam na doutrina dos apóstolos e na comunhão [...]". A expressão grega para comunhão (*koinonia*) significa mais do que simplesmente ajuntamento.

Atos 2:44,45 relata o seguinte: "Todos os que creram estavam juntos e tinham tudo em comum. Vendiam as suas propriedades e bens, distribuindo o produto entre todos, à medida que alguém tinha necessidade". A expressão "comum" (*koinos*) é usada no Novo Testamento para expressar que o povo de Deus estava junto, compartilhando as mesmas convicções. De fato, suas vidas estavam unidas, conectadas umas com as outras.

Expandindo o conceito de comunhão, Jesus ensina em João 13:35 que seremos conhecidos como seus discípulos quando amarmos uns aos outros. A comunhão é mais do que trabalhar em conjunto ou reunir-se. É o resultado do amor que leva o povo de Deus a compartilhar suas vidas uns com os outros. Nessa mesma perspectiva, vem a instrução de Paulo à igreja em Filipos: "Se há, pois, alguma exortação em Cristo, alguma consolação de amor, alguma comunhão do Espírito, se há entranhados afetos e misericórdias, completai a minha alegria, de modo que penseis a mesma coisa, tenhais o mesmo amor, sejais unidos de alma, tendo o mesmo sentimento" (Fp 2:1,2).

Escrevendo aos Gálatas 6:10, Paulo diz: "Por isso, enquanto tivermos oportunidade, façamos o bem a todos, mas principalmente aos da família da fé". Ele demonstra, por meio de seus textos, a valorização da prática da comunhão. "Fazer o bem" utiliza duas palavras que indicam um esforço pessoal para ser útil a outra pessoa. Significa, para todos os fins, a comunhão real, o cuidado verdadeiro, a atenção recíproca e o serviço compartilhado.

Conceito de comunhão: podemos definir como um compromisso de relacionamento baseado no amor de Deus.

Algumas perguntas podem ser úteis em relação ao tema, observe a tabela a seguir:

6. Sete Práticas Espirituais

Comunhão		
Abordagem	Pergunta	Vitalidade (A, M ou B)
Convicção	A maioria da igreja tem um claro entendimento bíblico e convicção sobre a comunhão?	
Aplicação pessoal	A maioria dos membros da igreja promove e experimenta a comunhão em suas vidas diárias?	
Vida em comunidade	A igreja, como comunidade, busca viver em comunhão, além das reuniões habituais?	

Oração

Logo no início da exposição, em Atos 2, versículo 42, notamos a dedicação deles em orar, e perceba, assim, a perseverança. A igreja seguiu o ensino e o exemplo de Jesus. Como sabemos, era comum Jesus orar em público, inclusive, ensinar a orar e retirar-se para orar (Mt 6:9; Mc 6:46 e 14:39). Ele também afirma categoricamente: "se me pedirdes alguma coisa em meu nome, eu o farei" (Jo 14:14).

Os discípulos, compreendendo o valor da oração, também costumavam pedir a Jesus que os ensinasse a orar (Lc 11:1). Ele queria conduzi-los a um ato de fé e aprofundar sua relação com o Pai. Ao longo de sua vida e ministério, Jesus orou continuamente (Mc 6:46) e às vezes se afastava da multidão por uma noite inteira de intercessão. Também, conversava com o Pai em meio ao movimento e agitação do dia a dia (Mt 26:44), e em suas orações, em diversas ocasiões, nos apresentou a Deus orando por nossas vidas (Jo 17:15).

A oração nos convida a um relacionamento. Coloca-nos aos pés do Senhor para buscar sua presença. Nesse precioso tempo, abrimos o coração para sermos sondados por Ele. Apresentamos nossa vida, família e o mundo de forma intercessora. A oração nos convida à perseverança. Não é suficiente orar. É necessário perseverar na oração (Ef 6:18). Em toda a Escritura, o povo de Deus é chamado a orar.

Em Filipenses 4:6, achamos alento e ânimo para seguirmos em oração: "Não andeis ansiosos de coisa alguma; em tudo, porém, sejam conhecidas, diante de Deus, as vossas petições, pela oração e pela súplica, com ações de graças". Escrevendo aos Tessalonicenses, o apóstolo Paulo resume: "Orai sem cessar" (1Ts 5:17). Ao enviar a carta à igreja em Roma, ele assevera sobre o Espírito Santo que nos assiste quando oramos: "Também o Espírito, semelhantemente, nos assiste em nossa fraqueza; porque não sabemos orar como convém, mas o mesmo Espírito intercede por nós sobremaneira, com gemidos inexprimíveis. E aquele que sonda os corações sabe qual é a mente do Espírito, porque segundo a vontade de Deus é que ele intercede pelos santos" (Rm 8:26,27).

Conceito de oração: podemos definir como um diálogo com o Pai em nome do Filho. É uma conversa e também um estilo de vida.

Algumas perguntas sobre oração podem ser úteis:

Oração		
Abordagem	Pergunta	Vitalidade (A, M ou B)
Convicção	A maioria da igreja tem um claro entendimento bíblico e convicção sobre a oração? Eles compreendem o privilégio e a responsabilidade de ter uma vida de oração?	
Aplicação pessoal	A maioria dos membros da igreja oram em suas vidas diárias, individualmente e em família?	
Vida em comunidade	A igreja, como comunidade, está interessada e engajada em orar? As reuniões de oração são bem frequentadas?	

Santidade

Atos 2:46 nos mostra a ação divina encorajando a igreja: "Diariamente perseveravam unânimes no templo, partiam pão de casa em casa e tomavam as suas refeições com alegria e singeleza de coração". A expressão "[...] com alegria e singeleza de coração" é uma definição surpreendente da atitude dos corações deles. É uma expressão da obra de Deus promovendo a santidade naquele meio.

De certa forma, toda a ideia de vitalidade da igreja é voltada para a santidade. É um processo de purificação na vida da igreja para viver de acordo com a vontade de Deus.

Em Atos 2:37,38, no Pentecostes, Pedro prega o Evangelho de Jesus ao povo. Sua pregação foi poderosa e usada pelo Senhor. Quase 3.000 pessoas vieram a Jesus naquele dia e a certa altura, o povo, ouvindo Pedro, perguntou: "Que faremos, irmãos?" No versículo 38, Pedro respondeu: "Arrependei-vos, e cada um de vós seja batizado em nome de Jesus Cristo para remissão dos vossos pecados, e recebereis o dom do Espírito Santo". Pedro testificou que a vida cristã não era apenas uma decisão por Jesus. Tratava-se de lidar com seus pecados através do arrependimento.

Além disso, Deus nos escolheu e amou "[...] antes da fundação do mundo, para sermos santos e irrepreensíveis perante ele [...]" (Ef 1:4). Não simplesmente "santos", com um coração puro, mas também "irrepreensíveis", com uma vida pura. A principal expressão grega para "santo" é *hagios*, que está ligada a uma transformação interna. Isso encaminha nossas vidas à pureza e à santificação para a glória de Deus. A expressão "irrepreensível" é *amomos*, sem partes quebradas, ou seja, um vocábulo que exprime a área externa de transformação, nosso testemunho público. A santidade é o desejo do Senhor para toda a nossa vida.

Conceito de santidade: De uma forma simples, podemos entender como sendo a comunhão com Deus em Jesus Cristo, com corações puros e vidas irrepreensíveis.

Algumas perguntas sobre santidade podem ser úteis:

Santidade		
Abordagem	Pergunta	Vitalidade (A, M ou B)
Convicção	A maioria da igreja tem um claro entendimento bíblico e convicção sobre a santidade como desejo e plano de Deus para o seu povo?	
Aplicação pessoal	A maioria dos membros da igreja procuram ser santos e irrepreensíveis em suas vidas diárias?	
Vida em comunidade	A igreja está interessada em entender e crescer em santidade?	

Boas obras

Atos 2:45 reproduz uma forma de como a igreja auxilia os necessitados. Inclusive, descreve a venda de suas propriedades e posses para ajudar quem precisa. Nesse ponto, provavelmente isso foi praticado, sobretudo, entre a comunidade cristã. Depois de um tempo, ganhou uma dimensão maior.

Em Mateus 5:16, Jesus disse: "Assim brilhe também a vossa luz diante dos homens, para que vejam as vossas boas obras e glorifiquem a vosso Pai que está nos céus". Jesus explica um fato interessante: quando as pessoas virem nosso bom trabalho, elas glorificarão o nome de Deus.

Em 1 Timóteo 6:18, Paulo, na mesma lógica, declara: "que pratiquem o bem, sejam ricos de boas obras, generosos em dar e prontos a repartir". Ele não se refere aos que são ricos. Ele aconselha a procurar serem ricos em "boas obras, generosos em dar e prontos a repartir". As boas obras são todas as ações cristãs feitas aos outros em Cristo e motivadas por Cristo. São provenientes da graça de Deus, de modo a gerar um profundo entendimento de que Deus também nos chamou para chorar com os que choram e para acudir e assistir os que sofrem.

Conceito de boas obras: podemos definir como ações intencionais para colaborar com os que sofrem, como testemunho cristão e compaixão pelos que aflitos.

Algumas perguntas sobre boas obras podem ser úteis:

Boas obras		
Abordagem	Pergunta	Vitalidade (A, M ou B)
Convicção	A maioria da igreja tem um claro entendimento bíblico e convicção sobre boas obras como parte do plano de Deus para suas vidas?	
Aplicação pessoal	A maioria dos membros da igreja tem compaixão e abraça os necessitados ao seu redor?	
Vida em comunidade	A igreja está envolvida em projetos sociais e boas obras para com aqueles que estão sofrendo?	

Proclamação

Em Atos 2:40,41, lemos que Pedro tomou a palavra, e movido pelo Espírito, anunciou o evangelho à multidão e, conforme o relato bíblico, quase 3.000 vieram a Jesus. Durante todos os acontecimentos no livro de Atos, observamos o deslocamento dos discípulos para inúmeras regiões. Eles proclamaram sua fé em Jesus Cristo.

Seguramente, várias palavras são citadas em toda a Escritura para a ação proclamadora da igreja de Cristo. Destaco três menções no Novo Testamento.

A primeira (*kerugma*) é encontrada em diversos textos, como em Mateus 24:14. Jesus afirma que o evangelho será "pregado" em todo o mundo. Em 2 Timóteo 4:2, igualmente, quando Paulo está encorajando a "pregar" a palavra de Deus. Aponta para a proclamação aberta, falar de forma audível, verbalizar uma verdade.

A segunda expressão é *euaggelizo*, cujo significado se assemelha à comunicação das boas novas. É possível encontrá-la em vários versículos, como em Atos 8:4, que diz: "Entrementes, os que foram dispersos iam por toda parte pregando a palavra". É o povo de Deus chamado para expor o evangelho, as boas novas de redenção, a todos.

A terceira expressão é *laleo*, que se remete à uma comunicação clara, compreensível e explicada. Veja o exemplo em Atos 16:32: "E lhe pregaram a palavra de Deus e a todos os de sua casa". É a igreja declarando Cristo de modo acessível, nítido e inconfundível.

Compartilhar nossa fé em Jesus com nossas palavras e nossas vidas é o cerne de nossa missão como cristãos. Sob o prisma de Paulo, a evangelização é a comunicação da identidade de Jesus (quem Ele é) e também da missão de Jesus (o que Ele fez, faz e fará). É o plano redentor de Deus para o seu povo.

Conceito de proclamação: podemos entender como a comunicação do plano redentor de Deus em Jesus Cristo através de nossas palavras e vidas, que comunicam a Palavra de Deus ao mundo.

Algumas perguntas podem ser úteis:

	Proclamação	
Abordagem	Pergunta	Vitalidade (A, M ou B)
Convicção	A maioria da igreja tem um claro entendimento bíblico e convicção sobre a proclamação do evangelho como parte do propósito de Deus para o seu povo?	
Aplicação pessoal	A maioria dos membros da igreja proclama o evangelho com palavras e bons testemunhos em suas vidas diárias?	
Vida em comunidade	A igreja, como comunidade, está comprometida com a obra missionária no local onde se encontra, e também entre os não alcançados pelo evangelho?	

No apêndice 2, exponho um breve estudo de caso ilustrativo para a aplicação dessa avaliação de uma igreja local com detalhes.

Meu desejo neste capítulo, portanto, é simplesmente provocar uma reflexão sobre a relevância e o valor da autoavaliação, e também, como igreja, ponderar quais pontos estão fortalecidos e aqueles que estão enfraquecidos espiritualmente.

Como vimos anteriormente, diferentes igrejas sofrem de diferentes maneiras. É crucial conhecermos a enfermidade antes de apresentar o remédio bíblico.

Concluo com alguns conselhos: leia, ouça exposições e reflita na Palavra. Nela você encontrará verdade, vida, discernimento e força. Seja dedicado na adoração a Deus, reconhecendo, em seus caminhos, quem Ele é e o que Ele faz. Seja a adoração individual, seja comunitária, como no culto público, adore ao Senhor e exalte o seu maravilhoso nome. Dedique-se à oração. Não tenha apenas o costume de orar em momentos específicos, como antes das refeições, todavia, cultive uma vida de oração que, ao longo do dia, conversa com o Pai em nome do Filho Jesus. Valorize a comunhão. Caminhe com aqueles que amam e seguem o Senhor Jesus. Seja você uma bênção para eles e que eles sejam uma bênção em sua vida. Pratique a santidade. Busque, de forma intensa e intencional, uma vida pura que agrada o coração de Deus. Santidade nas palavras, nos pensamentos, nos desejos e nas ações. Dedique-se às boas obras, chorando com quem chora, abraçando e socorrendo o aflito e o necessitado. Olhe ao redor para ver a oportunidade e necessidade que se manifesta. Insira a proclamação do evangelho em tudo o que você faz e com quem você se relaciona. Proclame o nome de Jesus com suas palavras, ações e testemunho. Faça isto perto e longe, com empenho, alegria e prioridade. Seja você, sal que salga, luz que brilha e árvore que dá frutos para a glória de Deus.

PARA REFLEXÃO

Vimos que sete práticas cristãs são especialmente destacadas no livro de Atos e nas cartas paulinas. São elas: doutrina, adoração, comunhão, oração, santidade, boas obras e proclamação. Perante o Senhor, com temor e sinceridade, é importante observar quais áreas fortalecidas, estáveis e enfraquecidas: alta, média ou baixa vitalidade. O resultado apresentará um diagnóstico seguro que guiará a ações de fortalecimento em Cristo Jesus.

1. A começar do seu próprio coração, dentre as sete práticas, quais estão mais fortalecidas e quais estão mais enfraquecidas?
2. Refletindo sobre a sua família, identifique e classifique, de modo semelhante como na pergunta anterior, a análise sugerida.
3. Pensando na igreja local, quais áreas poderiam ser destacadas como mais fortes e aquelas que precisam ser fortalecidas?

Capítulo 7

O FORTALECIMENTO

Diante da avaliação proposta no capítulo anterior, que contém os pontos mais fortalecidos e enfraquecidos em nossas vidas ou na igreja local, o que fazer? Neste capítulo eu trago o modelo do apóstolo Paulo ao lidar com situações que demandam fortalecimento espiritual.

O primeiro passo é orar a Deus e realizar uma sincera avaliação, interpretanto os aspectos favoráveis e os que exigem atenção. Em seguida, analise e pondere sobre as áreas com maior e menor vitalidade. O próximo passo é explorar aquelas com maior vitalidade para influenciar a igreja de forma bíblica e saudável. Em seguida, lide com aquelas com menor vitalidade para serem encorajadas e restauradas. Em outras palavras, precisamos elaborar um plano de ação.

Ensinar, orar, pastorear e mobilizar

Na Bíblia encontramos uma variedade de abordagens no Antigo e no Novo Testamento que promovem o crescimento do povo de Deus. Sugiro, logo de início, a estratégia do apóstolo Paulo.

Se considerarmos a abordagem de Paulo nas igrejas de Éfeso, Corinto e Tessalônica, encontraremos um padrão. Parece que seu método surgiu ao redor destas quatro ações: ensinar a Palavra, orar por eles e com eles, pastorear seus corações e mobilizá-los no envolvimento com a missão. Assim, quatro verbos resumem bem e são alicerces para o florescimento das igrejas locais: ensinar, orar, pastorear e mobilizar.

Já de antemão, relembremos a realidade que Paulo notava em cada igreja. Sem dúvida, ele conhecia os problemas e desafios. Além disso, tratou especificamente as questões que careciam de esclarecimento, encorajamento e transformação, propondo diferentes estratégias; contudo, em geral, parece que essas quatro foram centrais.

Ensinando a Palavra. Não se trata de um ensino geral, porém, aborda, particularmente, as áreas fracas da igreja, em que a igreja apresentava baixa vitalidade.

Orando por eles e com eles. Orava-se por essas áreas específicas, pedindo a intervenção de Deus e convidando-os a crer que o Senhor responde a orações.

Pastoreando seus corações. O pastoreio é relevante, especialmente, se houver problemas relacionais e morais, ou falta de confiança em Jesus Cristo. A abordagem é efetivada por meio de uma orientação pastoral.

7. O Fortalecimento

Mobilizando para a missão. O sublime propósito da igreja deve ser evidenciado: compartilhar o evangelho e levar pessoas a Jesus, glorificando o nome de Deus.

Consideremos a intervenção de Paulo na igreja de Corinto como um breve estudo de caso. No final de sua segunda viagem missionária, o apóstolo plantou a igreja em Corinto antes de ir para Éfeso. Por ser uma cidade grega e conhecer bem a comunidade ali estabelecida, ele manteve contato e recebia informações sobre os pontos fortes e fracos[11].

Localizada em uma cidade central com muitos portos que costumavam receber centenas de barcos todos os anos, além de a região possuir diversas conexões e forte influência externa, Corinto também era famosa por sua vida religiosa. De fato, chamava bastante atenção a cidade conter suntuosos templos dedicados à deusa Afrodite e cerca de 1.000 mulheres devotas à divindade. Logo, a presença externa e a influência religiosa local eram símbolos preponderantes no contexto.

Em Éfeso, o apóstolo foi informado sobre sérios problemas naquela igreja. Então, ele escreveu a primeira carta para lidar com tais desafios e encorajou a igreja a enfrentar dez áreas de preocupação. Vou compartilhar apenas uma delas, para o objetivo dessa seção do livro. O conflito consistia na provocação de alguns grupos para gerar divisões na igreja, até mesmo fazendo-o abertamente. No primeiro capítulo, ele busca aconselhar sobre essa fragmentação.

No versículo 10, ele escreve que estava ciente acerca do surgimento de dissensão e falta de comunhão. Segue a

---

[11] At 18:1-4

epístola, no versículo 12, desvendando o problema: alguns grupos diziam "eu sou de Paulo", outros "eu, de Apolo" ou "e eu, de Cefas". Alguns até diziam "e eu, de Cristo". Após, faz uma pergunta retórica: "Acaso, Cristo está dividido? Foi Paulo crucificado em favor de vós ou fostes, porventura, batizados em nome de Paulo?" (v.13).

Ao acompanharmos a leitura, notamos o tamanho da consequência dessas divisões, citando os principais: desmantelamento do senso de comunhão da igreja, desencorajamento dos novos crentes, escândalos e surgimento de problemas doutrinários com diferentes líderes defendendo diferentes posições.

Paulo conhecia o problema e enxergava o impacto desse pecado na igreja. Sua abordagem para auxílio e crescimento espiritual é fundamentada nas quatro ações mencionadas: ensino, oração, pastoreio e mobilização.

Ensino

Encontramos em toda a carta aos Coríntios um forte e seguro ensino teológico e prático para os cristãos. No capítulo 1:10, lemos suas palavras iniciais: "Rogo-vos, irmãos [...]". Depois disso, por vários capítulos, Paulo exibe uma série de doutrinas fundamentais, puro ensino, aludindo a declarações de fé do Antigo Testamento e orientações imprescindíveis a partir dos princípios de Jesus, os quais foram lembrados, também, quando ele plantou a igreja.

O capítulo inicial revela a mensagem da cruz de Cristo (v.18-24), assegurando que a igreja pertence a Jesus e está centrada nele, com a seguinte ênfase: "[...] para os que foram chamados, tanto judeus como gregos, pregamos a Cristo, poder de Deus e sabedoria de Deus" (v.24).

Após, o apósto passa a instruir sobre a vocação do povo de Deus, que nada temos e nada somos em nós mesmos, todavia, em tudo dependemos de Deus. Ele "[...] escolheu as coisas loucas do mundo para envergonhar os sábios e escolheu as coisas fracas do mundo para envergonhar as fortes" (v.27), "a fim de que ninguém se vanglorie na presença de Deus" (v.29).

Ao fim do primeiro capítulo, Paulo resume, teologicamente, os valores de Cristo, a saber, singularidade e centralidade de Cristo na igreja, como por exemplo, nesta seguinte declaração: "Mas vós sois dele, em Cristo Jesus, o qual se nos tornou, da parte de Deus, sabedoria, e justiça, e santificação, e redenção, para que, como está escrito: Aquele que se gloria, glorie-se no Senhor" (v.30,31).

No capítulo 3, após lançar os fundamentos da centralidade de Cristo na igreja e da dependência de Deus, Paulo se propõe a explicar que as divisões não resultam de problemas organizacionais da igreja, mas problemas de espiritualidade. Ele assinala a humildade do cristão perante a igreja e a obra de Deus, já esboçando as aplicações. Ele acusa a presença do ciúme e contendas na igreja, ensinando que é carnalidade (v.3). E expõe: "Quando, pois, alguém diz: Eu sou de Paulo, e outro: Eu, de Apolo, não é evidente que andais segundo os homens? Quem é Apolo? E quem é Paulo? Servos por meio de quem crestes, e isto conforme o Senhor concedeu a cada um. Eu plantei, Apolo regou; mas o crescimento veio de Deus" (v.4-6).

Paulo sabe que o problema das divisões ganhou terreno e causou a separação dos grupos de forma conflitante.

Assim, além de tratar do problema em si, que enfraquecia a igreja, ele também os chama à comunhão em Cristo, visto que esta é uma das principais áreas atingidas. Ele diz: "Porque de Deus somos cooperadores; lavoura de Deus, edifício de Deus sois vós" (v.9).

E, tornando o assunto da espiritualidade mais pessoal, ele os coloca contra a parede, afirmando: "Não sabeis que sois santuário de Deus e que o Espírito de Deus habita em vós?" (v.16). No capítulo 4, ele registra o motivo real da exortação: "Não vos escrevo estas coisas para vos envergonhar; pelo contrário, para vos admoestar como a filhos meus amados" (v.14).

Portanto, a primeira abordagem de Paulo junto à igreja em Corinto, bem como diversas outras igrejas e situações, lidando com áreas enfraquecidas da vida cristã, foi o ensino.

Ao perceber uma característica debilitada, problemática ou ausente em sua vida cristã, família ou igreja local, o primeiro passo é o ensino bíblico, a *didaskalia*. É buscarmos na Palavra os princípios, valores e compreensão sobre aquele assunto. O estudo bíblico temático amplo (que estuda o assunto em toda a Escritura), associado ao estudo expositivo (que observa um texto específico) são imperativos neste processo.

Se você está em posição de ajudar uma igreja local a crescer espiritualmente, bem como, se você é capaz de identificar uma fraqueza que a impede de uma vida fortalecida em Cristo, abrace o ensino. Em primeiro lugar, ensine o que a Bíblia relata acerca disso. O Espírito Santo utiliza e exalta as Escrituras no processo para encorajar a igreja a se arrepender e mudar. Qualquer orientação que você adote, precisa embasar-se na Palavra e ser dada através da Palavra. Antes de mais nada, o povo deve ter um claro entendimento e convicção sobre a vontade de Deus em relação a cada assunto.

Ao pastor, ensine a Palavra sobre os assuntos que carecem de esclarecimento, compreensão e desenvolvimento na igreja local. Aos pais, tragam ensinos bíblicos constantes para as áreas em que sua família precisa florescer. Ao membro da igreja, estude a Palavra sobre os temas e áreas de sua vida, família ou igreja que precisam ser resolvidos ou ainda não floresceram.

A doutrina bíblica combate a confusão em nossa mente, amadurece o nosso coração e guia os nossos passos em Cristo Jesus.

Oração

Em suas atividades junto à igreja em Corinto, Paulo dedicou-se fortemente ao ensino, ao iniciar a primeira carta com fundamentos bíblicos da fé que impulsionariam os cristãos a refletir e a amadurecer.

Logo depois, já percebemos o seu empenho em orar por eles e o incentivo para que eles também orassem: "sempre dou graças a meu Deus a vosso respeito [...]" (1Co 1:4). Ele se refere ao seu diálogo com Deus, trazendo ao apóstolo gratidão de coração por toda a igreja. Toda a carta está permeada por um estado de oração, rogando a Deus, dependendo de Deus e esperando a intervenção de Deus.

Verdadeiramente, Paulo era um homem de oração. Em suas cartas encontramos inúmeras evidências: além de orar, ele escrevia as orações, ensinava o povo a orar e pedia orações. Semelhante ao que fez na carta aos Coríntios, escrevendo aos Filipenses e também aos Romanos, Paulo enfatiza suas orações por eles, agradecendo a Deus por suas vidas (Fp 1:3-6; Rm 1:8-10). Ele instruía o povo a orar, como está escrito em Colossenses 4:2 "Perseverai na oração, vigiando com ações de graças" e em Romanos 15:30 "[...] que luteis juntamente comigo nas orações a Deus a meu favor".

As orações do apóstolo se destinavam, inclusive, ao amadurecimento dos irmãos, como vemos em Filipenses 1:9: "E também faço esta oração: que o vosso amor aumente mais e mais em pleno conhecimento e toda a percepção". Em diversas ocasiões pede oração, seja pelas igrejas, seja por aqueles que trabalham com ele, seja por sua própria vida, como lemos na carta aos Efésios 6:19. No verso anterior, ele destaca a oração e súplica continuamente no Espírito e os convida a vigiar na oração por todos os cristãos. No verso 19, completa: "e também por mim; para que me seja dada, no abrir da minha boca, a palavra, para, com intrepidez, fazer conhecido o mistério do evangelho". Portanto, Paulo regava suas ações apostólicas, missionárias e pastorais com a oração.

Ao identificar uma área enfraquecida em sua vida, família ou igreja, o segundo passo é a oração. Assim, ensino e oração devem caminhar juntos. Devemos cobrir os assuntos, problemas, relacionamentos, dúvidas e sofrimentos com a oração ao Senhor. Ele nos ensinou a orar e afirmou que ouve as nossas orações. Seu desejo é que o busquemos e perseveremos nesse longo caminho de oração, que será ainda mais valioso e proveitoso se levarmos um amigo junto.

Ore por eles e com eles. Convide outros para orar especificamente sobre essas áreas de preocupação. O Espírito Santo pode intervir na sua oração para convencê-lo sobre algo que precisa acontecer em seus próprios corações. Ore abundantemente durante o processo de avaliação e restauração. Essa pode ser a ação mais estratégica para todos os envolvidos.

Ao pastor, ore por sua igreja até que Deus responda. Ensine a igreja a orar e chame o povo para uma vida de oração. E, perante um problema ou fragilidade detectado na igreja, traga o assunto perante o Senhor em oração de forma incessante. Convoque o povo de Deus a orar pelos assuntos problemáticos e frágeis.

Ao membro da igreja, regue a sua vida com um diálogo sincero com o Pai em nome do Filho Jesus. Tenha uma vida de oração ativa, com ações de graças e súplicas ao Senhor. Coloque perante Deus, em oração, qualquer área da sua vida, família e igreja que precisam da graça e misericórdia do nosso Deus.

Pastoreio

As dissensões motivaram o surgimento de dificuldades relacionais na igreja. Paulo, então, estimula os irmãos a viverem juntos em amor. É uma ação pastoral de cuidado do coração do povo.

No capítulo 16:5, ele revela: "Irei ter convosco por ocasião da minha passagem pela Macedônia [...]". Mais tarde, no versículo 10, ele menciona que planeja enviar Timóteo para cuidar deles. Em 2 Coríntios, capítulos 2 e 13, é perceptível que ele fez uma visita pastoral depois da primeira carta, evidenciando o investimento intencional no pastoreio daquela igreja.

Vemos esse padrão no comportamento do apóstolo. Ele não apenas proferia um claro ensino nos cultos e nas cartas, como também se aproximava para ouvir e falar ao coração do povo. Pastoreio é cuidado e envolve relacionamento; é ouvir e ser ouvido; e estreitar as questões da alma.

O ministério pastoral era exercido direta e indiretamente, conforme depreendemos em 2 Coríntios 12:18 em que expõe que havia pedido a Tito para visitar a igreja em Corinto, colaborando para que pudessem crescer na fé no Senhor Jesus.

Embora impossibilitado de viajar pessoalmente ou enviar alguém, ele buscava pastorear os corações à distância por meio de suas cartas. Aliás, as cartas paulinas misturam ensino e pastoreio em boa medida. Um exemplo disso é a carta que escreveu a Filemom para lhe falar sobre Onésimo, seu escravo que havia fugido e veio a Cristo ao se encontrar com o apóstolo em Roma. Ele desejava cuidar do coração de Filemom, para que recebesse Onésimo como irmão na fé, e não como um escravo fugitivo. Assim, ele conclama: "Pois bem, ainda que eu sinta plena liberdade em Cristo para te ordenar o que convém, prefiro, todavia, solicitar em nome do amor, sendo o que sou, Paulo, o velho e, agora, até prisioneiro de Cristo Jesus" (Fm 1:8,9).

Problemas tendem a quebrar corações e relacionamentos. O cuidado pastoral é crucial se você quiser ver as pessoas livres e desfrutando da comunhão com Deus e umas com as outras. O pastoreio é essencial em todas as áreas da vida, porém, é crucial em duas delas: questões relacionais e morais. Ouça as pessoas e o coração das pessoas, pois ouvir com compaixão pode ser uma das atitudes pastorais mais importantes. Aconselhe biblicamente aqueles que estão quebrados ou perdidos, de modo que haja palavras de ânimo, mas sem privá-los de mensagens que confronte os seus corações.

Ao pastor, pastoreie o povo de Deus nas áreas que precisam de encorajamento, conforto e confronto. Aproxime-se dos que estão enfraquecidos, ouça os que têm dúvidas e aconselhe os que estão quebrados. O ensino do púlpito é central para o crescimento da igreja; porém, deve ser seguido por pastoreio pessoal e aproximado. Instrua, da mesma forma, a igreja exercitar o mútuo pastoreio, isto é, o cuidado que um irmão deve ter com outro, para que o seu trabalho não lhe seja insuportável e também todos sejam cuidados em seus corações.

Ao membro da igreja, pastoreie a sua casa e seus filhos. Não deixe os problemas no ar, sem aborda-los; e perguntas sem resposta. Ao perceber áreas de necessidade e perigo, aproxime-se para ouvir, falar, orar e acompanhar.

Mobilização

Como de costume em suas orientações pastorais e teológicas, é nítido que Paulo deseja sempre esclarecer o poder do pecado em impedir que o povo de Deus seja frutífero. Em 1 Coríntios 9:16, há explícito estímulo a pregar o evangelho em qualquer circunstância, não apenas sendo um privilégio, mas também uma obrigação. No capítulo 15:58, ele encoraja o povo a trabalhar para o Senhor: "Portanto, meus amados irmãos, sede firmes, inabaláveis e sempre abundantes na obra do Senhor, sabendo que, no Senhor, o vosso trabalho não é vão". No capítulo 16:1-4, ele os convida a realizar uma coleta para ajudar os cristãos que sofrem e que estão na Judeia e os orienta como agir nesse caso.

Se observarmos as demais abordagens do apóstolo junto às igrejas com necessidades e sofrimentos específicos, notaremos que ele, de forma semelhante, se baseia no mesmos moldes, de um padrão integrado. Ele não defende que uma igreja precisa primeiro amadurecer para depois trabalhar. Ao contrário, ele estimula o amadurecimento simultâneo ao serviço. Na ótica do apóstolo, abraçar e se envolver com a missão era parte do processo de cura.

À igreja em Roma, que ainda não a conhecia pessoalmente, Paulo se lança à mobilização para a missão. Ele inaugura sua carta com a valiosa instrução que Jesus é o evangelho prometido por Deus e ressalta: "Pois não me envergonho do evangelho, porque é o poder de Deus para a salvação de todo aquele que crê, primeiro do judeu e também do grego" (1:16). No capítulo 10:14,15, propõe uma analogia ao envolvimento com a proclamação do evangelho, ao perguntar: "Como, porém, invocarão aquele em quem não creram? E como crerão naquele de quem nada ouviram? E como ouvirão, se não há quem pregue? E como pregarão, se não forem enviados? Como está escrito: Quão formosos são os pés dos que anunciam coisas boas".

Envolver o povo de Deus com a sua obra possui um efeito teológico e pessoal. Teológico, pois conduz o povo à obediência ao chamado de Cristo para que frutifiquem. Assim, esse povo cumpre a missão, agrada a Deus e é abençoado em sua fé. A implicação pessoal ocorre à medida que olhamos para o mundo sem Cristo e servimos os perdidos e necessitados. A partir disso, enxergamos a nossa própria vida com uma perspectiva diferente, que se revela, em termos práticos, em maior grau de contentamento nos fatos da vida, menor exigência em relação às nossas preferências pessoais e investimento de tempo naquilo que dá frutos.

Convide-os a serem frutíferos, a ajudar uns aos outros, a compartilhar sua fé, a colaborar com a igreja local, a mobilizar outros para seguirem a Jesus. Quando estão envolvidos em missões, tendem a ver o mundo e suas próprias vidas através de uma concepção bíblica. Sugira oportunidades para que as pessoas sejam frutíferas. Coloque diante deles os que não conhecem a Jesus Cristo, de perto e de longe, entre todas as nações.

Ao pastor, mobilize a sua igreja para se envolver com Deus e os propósitos dele no mundo. Ensine sobre a missão e a pregação do evangelho. Convide-os a serem frutíferos em suas famílias, bairros, cidades e até os confins da terra. Mostre a realidade do mundo ainda sem Cristo, os milhões que ainda nada ouviram do evangelho do Senhor Jesus.

Ao membro da igreja, em sua vida e família, envolvido com a sua igreja local, ponha a mão no arado. Utilize o seu tempo, talento, profissão, relacionamentos e oportunidades para proclamar o evangelho de Jesus com palavras e testemunho. Busque oportunidades também em sua igreja local, participando da semeadura das boas novas do Reino de Deus. Quanto à sua família, estimule a construção de uma consciência missionária, mas também uma vida missionária. Sem dúvida, essas atitudes glorificarão a Deus, gerarão frutos para a eternidade e também os livrará de terem atenção demasiada naquilo que é fútil e desnecessário na vida.

Portanto, no processo de restauração e cura, de fortalecimento de áreas enfraquecidas, precisamos de ensino, oração, pastoreio e mobilização.

PARA REFLEXÃO

Vimos que uma igreja é fortalecida, sobretudo, por meio do ensino, oração, pastoreio e mobilização. Essas quatro ações são essenciais para atingir e tratar áreas fracas existentes no povo de Deus. O ensino é a instrução na Palavra. A oração deve ser individual e coletiva. O pastoreio é pessoal e relacional. A mobilização convida o povo a olhar além de suas próprias demandas e necessidades. O fortalecimento da igreja, portanto, é uma ação pessoal, familiar e pastoral, mediante planejamento e execução visíveis, intencionais e continuados.

1. Qual a importância do ensino, oração, pastoreio e mobilização para o amadurecimento e crescimento do povo de Deus?
2. Como estas quatro atitudes (ensino, oração, pastoreio e mobilização) podem ser utilizadas para o fortalecimento específico das áreas enfraquecidas em sua vida, família e igreja?
3. Faça um esboço de um plano de ação, considerando as áreas fortes e fracas espiritualmente, e incluindo estas quatro atitudes, tendo como alvo o amadurecimento em Cristo Jesus.

Últimas Palavras

Por que devemos colaborar com a igreja local a fim de que ela floresça em Deus? Há certamente muitas razões que poderiam ser expostas. Creio, porém, que a principal delas é o desejo de Deus.

Em Apocalipse 19:7, temos a magnífica visão das bodas do Cordeiro que se aproximam e Ele preparando a igreja, sua noiva, para o grande dia.

Dia a dia Jesus trabalha, encoraja, confronta e transforma o seu povo para o *grand finale*. Neste dia todos regozijaremos e nos alegraremos, declarando que a razão dessa alegria é o próprio Senhor, quem Ele é e o que Ele fez. Então tributaremos a Ele toda glória e honra!

Qual é a razão para exaltar o nome de Cristo no último dia? Entre um milhão de motivos, um é mencionado de maneira especial: as bodas do Cordeiro chegaram! Jesus é o Cordeiro e Ele é a razão de todo contentamento, louvor e alegria. Não somente por quem Ele é, mas também o que Ele fez: a sua noiva está pronta!

Certamente, a jornada da noiva não será fácil, já que todos os inimigos se colocarão ao seu encalce para atrapalhar a caminhada, obscurecer a visão e, assim, tentar impedir que ela siga o Cordeiro. Além disso, outros obstáculos também surgem: os pecados de nossos próprios corações, a assombrosa influência do mundo e as forças do mal pressionando-nos dia a dia. Isso aconteceu por milhares de anos sem um minuto de intervalo, porém, finalmente... a noiva está pronta!

No glorioso dia, veremos que a noiva agora é santa, com plena confiança, santidade, segurança e paz. Seu vestido é totalmente puro e seu coração pertence apenas a Ele. O dia chegou!

Ainda não chegamos lá, contudo, estamos no caminho. Somos chamados a andar pela fé. Lutamos contra todas as adversidades e empecilhos que atravancam o crescimento rumo à maturidade e à santidade. Nossa motivação é o Cordeiro, que é digno e que pagou por nossa liberdade, tornando-se nosso Redentor; e nós, o seu povo. Todo esforço para colaborar com a sua igreja até aquele dia glorioso glorificará o nome dele.

Alguns anos atrás, esbocei um exercício espiritual para sermos Igreja fortalecida, o qual partilho a seguir. São sete breves conselhos:

1. Preocupe-se menos com as loucuras e desmandos feitos em nome de Cristo, e atente-se mais ao seu próprio coração, para que não venha a ser desqualificado;
2. Siga os desejos do Senhor, sabendo que esse alvo implicará em caminhar na contramão do mundo;
3. Para cada palavra de crítica à Igreja — autocrítica, se assim quiser — tenha uma palavra ou duas de encorajamento;

4. Ouça com zelo e temor os pregadores que nos denunciam o erro, bem como os pastores que nos encorajam a caminhar;
5. Busque na Palavra de Deus o fortalecimento da fé e o alimento da alma;
6. Cumpra a missão com todas as suas qualidades, com tudo o que você tem e em todas as atividades que você faz, não deixando passar as ricas oportunidades de frutificar;
7. Jamais perca de vista Jesus Cristo, Cordeiro vivo de Deus, para que a tristeza advinda das frustrações não o impeça de experimentar a alegria do Senhor.

Por fim, concluo com um fato que nos leva à uma imagem bíblica. O fato se deu em 9 de dezembro de 1989, quando me casei. Já namorava Rossana há 4 anos e, apaixonados, chegamos ao grande dia. Apesar do amor e alegria pelo dia chegado, tudo parecia fadado ao fracasso. As flores foram encomendadas erroneamente, a ornamentação do templo parecia não ter fim, o vestido apresentou defeitos de última hora, e a maquiagem transcorria em um quarto apertado e com incrível agitação. A noiva chorou pelos desencontros do dia.

O andar de cima da casa de meu sogro onde ela se arrumava tornou-se, aos meus olhos, em um pátio de guerra. Havia uma movimentação de entradas e saídas de pessoas, faces carregadas de ansiedade e um tom apocalíptico a cada nova notícia. Ao longo dos anos percebi que muitos casamentos são parecidos neste ponto – a balbúrdia que cerca a noiva antecedendo seu momento de brilho é emblemática. Aos olhos do passante que vê a agitação sem fim, nada parece ter esperança. Fui para a cerimônia esperando o pior. Jamais seria possível contornar todos os imprevistos e o impensado poderia acontecer: a noiva não estaria pronta!

Enquanto cogitava esse cenário, ali no altar, eis que ela chega. Estava linda, uma verdadeira princesa! O rosto leve, alegre e sorridente, o caminhar lento e seguro, o vestido alvo como a neve. Simplesmente perfeita. A música, a ornamentação, a pregação da Palavra, tudo se encaixou. Que milagre transformou um dia de caos em um momento de brilho tão belo?

As horas de luta, as lágrimas derramadas, os desencontros e desalento foram rapidamente esquecidos e um só pensamento pairava naquele templo: a noiva estava linda!

Talvez vivamos hoje dias melancólicos ao visualizar a igreja, quando manchas e mazelas tentam levar nossa esperança para o cativeiro da desilusão. A casa está desarrumada, o vestido da noiva não nos parece branco, e há graves rumores de que ela não ficará pronta. É, porém, em momentos assim, que Deus intervém. Lava as vestes do seu povo, levanta o caído, renova o pregador, fortalece a igreja e nos dá sonhos de alegria.

Chegará o dia, e não tarda, que seremos tomados por Jesus de forma final e eterna. Neste dia, há de se dizer: Eis o Noivo! É o Senhor que conduziu a igreja. Jamais a deixou desamparada. Como é fiel! E creio que todos nós também pensaremos, admirados por sua graça: como a Noiva está linda!

"Alegremo-nos, exultemos de demos-lhe a glória, porque são chegadas as bodas do Cordeiro, cuja esposa a si mesmo já se ataviou" (Ap 19:7).

Referências

KELLER, Timothy. *Igreja Centrada*. Edições Vida Nova, 2014.

NICODEMUS LOPES, Augustus. *Uma igreja complicada*. Editora Cultura Cristã, 2019.

LIDÓRIO, Ronaldo. *Teologia, Piedade e Missão – A influência de Gisbertus Voetius na missiologia e no plantio de igrejas*. Editora Hebrom, 2021.

_____. *Plantando igrejas*. Editora Cultura Cristã, 2018.

_____. *Revitalização de igrejas – Avaliando a vitalidade de igrejas locais*. Editora Vida Nova, 2016.

DIAS LOPES, Hernandes. *Ouça o que o espírito diz as Igrejas: Uma mensagem de Cristo à sua Igreja*. United Press, 2010.

SPROUL, Robert. *O que é a igreja?* Editora Fiel, 2017.

VOETIUS, Gisbertus. *Politicae ecclesiasticae*. Vol 3. Amsterdam: Joannis à Waesberge, 1663–1676.

Apêndice 1

FASES DE UMA IGREJA LOCAL

A tabela a seguir é uma referência para quem deseja observar uma igreja local, discernindo suas fases. É especialmente útil em projetos de plantio de novas igrejas.

	FASES DE UMA IGREJA LOCAL			
	Pioneirismo	Formação	Desenvolvimento	Maturidade
Teologia	Compartilhada pelos plantadores de igrejas para o incipiente grupo de crentes	Sendo aprendida dentro do grupo de crentes com a contribuição dos plantadores de igrejas	A igreja compreende e se envolve com as principais questões doutrinárias	A igreja tem convicção e clareza sobre a doutrina bíblica e abraça a sua confissão de fé

Dinâmica relacional	Evangelização e discipulado individual ou em pequenos grupos	Reuniões iniciais: estudo bíblico, comunhão, oração e cuidado pastoral	Reuniões regulares com ampla participação dos crentes locais: estudo bíblico, comunhão, oração e cuidado pastoral	Reuniões regulares com a participação e sob a liderança dos crentes locais: estudo bíblico, comunhão, oração e cuidado pastoral
Liderança e governo	Plantadores de igrejas	Plantadores de igrejas em comunhão e consulta com os irmãos locais	A liderança da igreja local em consulta com os plantadores de igrejas	Igreja local e sua liderança
Objetivos e prioridades	Discipulado individual e estudos bíblicos em pequenos grupos	Comunhão entre os crentes locais; discipular novos crentes para o crescimento espiritual	Desenvolvimento nas áreas de maturidade espiritual: compreensão bíblica, adoração, comunhão, liderança, finanças e missão	Aprofundamento da maturidade espiritual: compreensão bíblica, adoração, comunhão, liderança, finanças e missão, incluindo multiplicação

Observe que, apesar dessas quatro fases serem claras e sequenciadas, existem igrejas que não seguem esses padrões. Elas desenvolvem suas próprias características e isso, por um lado, é esperado, pois o Senhor guia cada igreja de forma única.

Por outro lado, tal realidade também pode apontar para algum tipo de desafio que precisa ser enfrentado. Por exemplo, há igrejas em fase de formação que ainda não têm crentes maduros e, se os plantadores de igrejas não estão mais presentes, a igreja se vê com sérios problemas em relação à compreensão bíblica e prática cristã. Já outras, na fase de maturidade, amplificam sobremaneira a presença e a influência dos plantadores de igrejas, às vezes, causando dificuldades ao desenvolvimento da liderança local. Além disso, algumas igrejas vivivenciam as fases de desenvolvimento e maturidade sem definições eclesiológicas, o que custará um alto preço, cedo ou tarde. Qual é a sua doutrina e qual é a sua forma de governo? Como são definidos os sacramentos e quais são as características fundamentais da igreja local? Sem tais respostas eclesiológicas, dentre outras igualmente vitais, uma igreja local não floresce.

Nesse ponto, reitero que a incerteza eclesiológica cobrará um alto preço. A falta de clareza produz, invariavelmente, alguns resultados possíveis e apresento três deles, que são os mais comuns. Primeiro, a igreja local fica exposta a ventos de doutrina, à provocação de seitas e até mesmo de outros grupos cristãos sem boas intenções. Quando a eclesiologia ainda não está clara, especialmente a doutrina, a igreja se torna presa fácil de grupos heréticos ou com motivações escusas, podendo até ser facilmente dissuadida por ideologias políticas ou crenças pagãs, propagados pela internet e redes sociais.

Em segundo lugar, a ausência de uma eclesiologia definida cria o ambiente propício para confusão interna e divisões. A falta de compreensão sobre a forma de liderança é um exemplo, pois leva a igreja local a promover múltiplas formas de organização e governo, gerando competição e conflitos.

A terceira consequência advinda da falta de uma eclesiologia nítida pode conduzir a igreja a uma experiência desequilibrada. Algumas igrejas se concentram apenas em uma parte do que é essencial. Gastam todo o seu tempo, esforço e recursos para manter a fé. No entanto, nunca a proclamam. São crentes fiéis e zelosos, com boa teologia e cuidado pastoral, mas não frutificam. Preocupam-se somente com sua própria sobrevivência e não conseguem ver os campos brancos prontos para a colheita. Existem outras que, ao contrário, abraçam apenas sua missão. Não guardam a própria fé. Proclamam o evangelho perto e longe, com bravura e ousadia, porém, se esquecem dos seus. Eles ganham o mundo, no entanto, perdem seus filhos. Ensinam ao mundo, contudo, os crentes locais são fracos na fé e carecem do verdadeiro alimento espiritual. Plantam novas igrejas, mas a própria igreja está quebrada.

Ressalto, novamente, que o mais importante não é tentar encaixar a igreja local em uma das quatro fases. Essa reflexão pode ser útil, todavia, é apenas um passo inicial. O próximo passo é ainda mais relevante. Ore, observe, discuta e reflita nas Escrituras sobre a fase atual da igreja. Quais são seus pontos fortes e fracos? Quais passos podem ser dados rumo ao amadurecimento? O principal objetivo é identificar os passos necessários para que a igreja transite para a próxima etapa de forma saudável e debaixo de claras convicções bíblicas e oração.

Em outras palavras, esse exercício de compreender a presente fase da igreja tem dois objetivos: um é consolidar a igreja no estágio atual e o outro é colaborar para que ela caminhe para o próximo estágio de forma bíblica e saudável. Para que isso aconteça, a oração e a reflexão são primordiais.

Apêndice 2

AVALIAÇÃO DA IGREJA LOCAL

Neste apêndice, proponho expor, de forma breve e objetiva, o processo de avaliação sugerido. Nos capítulos 5, 6 e 7 eu apresento o conceito de avaliação de uma igreja local com base no roteiro paulino de fortalecimento espiritual: doutrina, adoração, oração, comunhão, santidade, boas obras e proclamação. Recomendo a releitura desses capítulos para melhor entendimento. Abaixo, apresento o passo a passo mais prático focalizado na avaliação da igreja local.

Três perigos

Existem alguns perigos potenciais quando lidamos com a avaliação da igreja. O primeiro é chegar às conclusões erradas. Nossa visão, como líderes da igreja, normalmente é influenciada por nossas próprias percepções. Não é incomum enxergar claramente alguns resultados do problema, porém, não a raiz da questão.

Eu estive em uma igreja que, por anos, experimentou diversos conflitos. Os líderes se esforçavam para ensinar a igreja como evitar conflitos, porém, depois de certo tempo, ficou manifesta a origem da contenda: o orgulho. Nesse caso, era a prepotência no coração de duas famílias fundadoras da igreja, que sempre almejavam posições mais elevadas e maior influência na vida diária da igreja. Os líderes, naquela altura, percebiam os resultados do problema, todavia não conseguiam enxergar claramente sua raiz. Logo, é crucial que a avaliação da igreja seja feita em um ambiente de comunhão, convidando diferentes pessoas de diferentes grupos de uma igreja local, a fim de buscarem o discernimento de Deus. De fato, é imprescindível reunir uma variedade de percepções e opiniões para, então, alcançar as conclusões corretas.

O segundo perigo é gerar desânimo quando as raízes dos problemas ficam claras. Se alguém adoecer e for a um hospital, a equipe médica fará exames e obterá alguns resultados, o que pode suscitar o diagnóstico de enfermidade mais avançada que o esperado. Sem dúvida, será um choque para o paciente e a família. De forma semelhante, ao avaliar uma igreja local, as falhas existentes podem, em certa medida, revelar-se de forma clara e desconfortável, provocando abatimento e desalento para os envolvidos na avaliação, ou mesmo para toda a igreja. É indispensável, portanto, a avaliação da igreja ser pautada pelo encorajamento das Escrituras e da oração. Mantenhamos fixos os nossos olhos em Jesus, de modo que apliquemos o seu desejo para o seu povo.

O terceiro perigo é que a avaliação da igreja possa criar confusão ou mesmo divisão. Os problemas da igreja são os problemas das pessoas. A razão principal de quebras ou fraquezas eclesiásticas não é em virtude da sua estrutura, pelo contrário, é devido aos empecilhos gerados pelos membros. Assim, analisar os principais desafios de uma igreja local é esquadrinhar as questões essenciais no coração das pessoas, incluindo o grupo de liderança. Minha consideração final, nesse tema, é a importância de a avaliação ser conduzida pelos líderes da igreja sob a dependência de Deus. Cada problema ou desafio requer coração humilde diante do Senhor e desejo genuíno de sua orientação.

Tendo esses perigos em mente, enfatizo, novamente, que toda aferição e ponderação sobre a situação atual da igreja deve ser refletida nas Escrituras e mediante oração e, preferencialmente, acontecer em um ambiente de comunhão e discernimento, guiado pelos líderes constituídos da igreja.

Formando um grupo de avaliação

De forma prática, são necessários três passos para a formação de um grupo de avaliação em uma igreja local. Primeiro, os líderes da igreja devem estar convencidos de que uma análise da igreja é vital e útil para o crescimento e a maturidade dessa comunidade. Se não houver definição quanto a isso, recomendo não seguir com os próximos passos.

Em segundo lugar, os líderes da igreja devem nomear um grupo para dirigir a avaliação e trazer as conclusões para a liderança. A composição sugerida é que sejam os próprios líderes ou indivíduos por eles indicados. Todavia, saliento que, nessa formação escolhida haja, pelo menos, dois líderes da igreja. E quanto à dinâmica, aconselho reunir pessoas com diferentes idades e gênero, de diferentes famílias, as quais serão entrevistadas durante o processo.

Terceiro, oriento o grupo de avaliação manter reuniões regulares, semanais ou duas vezes por mês, com um mandato delimitado e toda a discussão deve ser confidencial. Friso que quaisquer resultados colhidos sejam apresentados apenas aos líderes da igreja.

Em se tratando do procedimento adotado durante as reuniões do grupo, ressalto o sublime valor de serem guiadas por oração e leitura das Escrituras. É um processo de discernimento, buscando o Senhor para obter sua orientação e ajuda, bem como, por meio da meditação nas Escrituras, nossa luta é retratada, pecados e fraquezas são revelados. A reunião precisa acontecer em um contexto de comunhão, em que todos reconheçam que estão no mesmo barco, pois são todos humanos imperfeitos pedindo graça ao Eterno. E, por fim, com um diálogo aberto, concedendo oportunidade para que todos manifestem as suas percepções e sugestões.

O mandato deste grupo pode ser assim definido: "Na dependência de Deus, guiados pelas Escrituras e em um ambiente de comunhão, e regado pela constante oração, buscar discernimento em Cristo quanto aos pontos fortes e fracos da igreja local, para fins de fortalecimento e amadurecimento, sob a orientação da liderança da igreja". Ao fim do processo de avaliação, portanto, o grupo deve encaminhar à liderança da igreja, em caráter confidencial, um documento oficial que tenha as informações coletadas e as conclusões.

Reitero que as conclusões do grupo sejam comunicadas, de forma semelhante, em comunhão, com claro entendimento e encaminhadas à liderança da igreja em completa confidencialidade. Observei, no entanto, que o processo em si pode ser uma profunda bênção para os envolvidos. É comum ouvir que as pessoas foram encorajadas, desafiadas e curadas pelo Senhor durante as reuniões de avaliação. Em certo sentido, a revitalização da igreja começa justamente na avaliação. Ao priorizarmos o Senhor com humildade e buscarmos sua presença, graça e misericórdia, nossas fraquezas se tornarão nítidas, compreensíveis e passíveis de serem curadas pelo Autor de nossa fé.

O processo de avaliação

Apresento a seguir as tabelas que podem ser usadas no processo de avaliação. Algumas perguntas serão úteis para avaliar a vitalidade da igreja em relação à cada uma das sete áreas destacadas: doutrina, adoração, comunhão, oração, santidade, boas obras e proclamação.

A primeira coluna trata da abordagem; a segunda, a própria questão; e a terceira, a conclusão do grupo de avaliação da igreja local: alta, média ou baixa vitalidade naquela área específica.

Portanto, proponho três perguntas centrais acerca de cada um dos sete pontos: a primeira versa sobre a convicção da igreja sobre o tema; a segunda discute a aplicação pessoal e a terceira se refere à vida em comunidade.

Essas questões são apenas um ponto de partida para o diálogo e a reflexão no processo de discernimento. Várias outras perguntas podem ser elaboradas e feitas pelo grupo de avaliação, mediante oração e diálogo sincero.

O objetivo, ao fim da avaliação, é obter clareza, nessas sete áreas de fortalecimento espiritual da igreja. O entendimento firme e estipulado propicia a tomada de decisões para outros passos, especialmente, aos que se referem ao tratamento e fortalecimento da igreja.

	Doutrina	
Abordagem	Pergunta	Vitalidade (A, M ou B)
Convicção	A maioria da igreja tem um claro entendimento bíblico e convicção sobre as principais doutrinas das Escrituras?	
Aplicação pessoal	A maioria dos membros da igreja busca aplicar suas convicções bíblicas em suas vidas diárias?	
Vida em comunidade	A igreja, como comunidade, mostra interesse em aprender e crescer em sua compreensão da Palavra de Deus?	

Apêndice

Adoração		
Abordagem	Pergunta	Vitalidade (A, M ou B)
Convicção	A maioria da igreja tem um claro entendimento bíblico sobre a adoração?	
Aplicação pessoal	A maioria dos membros da igreja busca ter uma vida diária de adoração?	
Vida em comunidade	A igreja, como comunidade, tem motivação e alegria em Cristo com a adoração cúltica?	

Comunhão		
Abordagem	Pergunta	Vitalidade (A, M ou B)
Convicção	A maioria da igreja tem um claro entendimento bíblico e convicção sobre a comunhão?	
Aplicação pessoal	A maioria dos membros da igreja promove e experimenta a comunhão em suas vidas diárias?	
Vida em comunidade	A igreja, como comunidade, busca viver em comunhão, além das reuniões habituais?	

Oração

Abordagem	Pergunta	Vitalidade (A, M ou B)
Convicção	A maioria da igreja tem um claro entendimento bíblico e convicção sobre a oração? Eles compreendem o privilégio e a responsabilidade de ter uma vida de oração?	
Aplicação pessoal	A maioria dos membros da igreja oram em suas vidas diárias, individualmente e em família?	
Vida em comunidade	A igreja, como comunidade, está interessada e engajada em orar? As reuniões de oração são bem frequentadas?	

Santidade

Abordagem	Pergunta	Vitalidade (A, M ou B)
Convicção	A maioria da igreja tem um claro entendimento bíblico e convicção sobre a santidade como desejo e plano de Deus para o seu povo?	
Aplicação pessoal	A maioria dos membros da igreja procuram ser santos e irrepreensíveis em suas vidas diárias?	
Vida em comunidade	A igreja está interessada em entender e crescer em santidade?	

Boas obras		
Abordagem	Pergunta	Vitalidade (A, M ou B)
Convicção	A maioria da igreja tem um claro entendimento bíblico e convicção sobre boas obras como parte do plano de Deus para suas vidas?	
Aplicação pessoal	A maioria dos membros da igreja tem compaixão e abraça os necessitados ao seu redor?	
Vida em comunidade	A igreja está envolvida em projetos sociais e boas obras para com aqueles que estão sofrendo?	

Proclamação		
Abordagem	Pergunta	Vitalidade (A, M ou B)
Convicção	A maioria da igreja tem um claro entendimento bíblico e convicção sobre a proclamação do evangelho como parte do propósito de Deus para o seu povo?	
Aplicação pessoal	A maioria dos membros da igreja proclama o evangelho com palavras e bons testemunhos em suas vidas diárias?	
Vida em comunidade	A igreja, como comunidade, está comprometida com a obra missionária no local onde se encontra, e também entre os não alcançados pelo evangelho?	

Um breve estudo de caso

Nos últimos anos, Rossana e eu integramos uma estimada equipe de plantio de igrejas entre diferentes grupos não alcançados na Amazônia.

Algum tempo atrás, avaliamos uma das igrejas locais que foi plantada há cerca de cinco anos. São irmãos hospitaleiros, vivem em uma aldeia na floresta amazônica, amam a Jesus e a sua Palavra. Utilizando essa abordagem, identificamos áreas potenciais para crescer e aplicamos as perguntas sobre as sete práticas cristãs, seguindo as orientações mencionadas anteriormente. O gráfico a seguir mostra o resumo do resultado que obtivemos.

	VITALIDADE DA IGREJA Abordagem de avaliação			
	Questão 1 Convicção bíblica	**Questão 2** Aplicação pessoal	**Questão 3** Vida em comunidade	**Percepção geral** (A, M, B)
Doutrina	M	B	M	Vitalidade Média
Adoração	A	M	A	Vitalidade Alta
Comunhão	A	A	A	Vitalidade Alta
Oração	M	M	M	Vitalidade Média
Santidade	M	B	B	Vitalidade Baixa
Boas obras	A	M	M	Vitalidade Média
Proclamação	A	M	M	Vitalidade Média

Como se vê, existem apenas duas áreas com alta vitalidade: adoração e comunhão. Entre elas, apenas a comunhão obteve alta vitalidade nas três questões.

Há quatro áreas com vitalidade média: doutrina, oração, boas obras e proclamação. Entre elas, a doutrina atingiu notas mais baixas, enquanto que as boas obras e a proclamação alcançaram notas mais altas.

Há uma área com baixa vitalidade: santidade. Obteve-se uma nota mais alta na convicção bíblica e mais baixa na aplicação pessoal e na vida comunitária.

Quando consideramos esses resultados com cuidado, podem ser indicadores importantes e podemos construir um plano de ação, assistindo a igreja a crescer em seus aspectos frágeis.

A comunhão como área de alta vitalidade não é uma surpresa. A igreja é tradicionalmente relacional e comunitária, valorizando aquilo que é feito em conjunto. Assim, eles abraçam muito bem o ensino bíblico sobre a comunhão, expressando seu amor e preocupação uns com os outros de maneira notável.

A adoração, como área de alta vitalidade, também não se revela como surpresa, pois amam expressar a Deus a gratidão pela vida e salvação e demonstram por meio de canções, orações e posicionamentos práticos. Abraçam a adoração com alegria. Aquilo que é forte na vida espiritual deve ser afirmado, com ações de graças a Deus, para continuar forte em Jesus Cristo.

A santidade foi a área com menor vitalidade, segundo esta pesquisa. Refletimos sobre isso com a equipe e a igreja. Há uma lacuna entre a convicção da igreja e a iniciativa de aplicar essas convicções em sua vida diária, principalmente, quando envolve relacionamentos pessoais e a necessidade de perdoar e esquecer.

Tal conclusão resultou em três ações: em primeiro lugar, ensinar mais e com maior frequência sobre a santidade nas Escrituras. Em segundo, chamar a igreja para orar por santidade no contexto dos desafios práticos diários; e a terceira atitude é refletir com a igreja sobre o desafio de traduzir nossas convicções de santidade para nossas vidas, especialmente nos relacionamentos pessoais e assuntos familiares.

Quatro áreas foram encontradas com vitalidade média: doutrina, oração, boas obras e proclamação. A vitalidade média é uma zona com potencial para crescer ou diminuir. Por isso, precisa de atenção. Um plano de ação para a vitalidade da igreja deve ter um incentivo profundo e frequente para o crescimento nessas áreas.

Entre as quatro áreas, a doutrina é o eixo medular para as demais. Compreender e crer no que a Bíblia diz sobre cada aspecto da vida cristã é a base para o crescimento em outras áreas.

Nosso plano de ação para a igreja envolveu várias etapas com o objetivo de encorajar a igreja a continuar forte nas áreas de comunhão e adoração; auxiliar a igreja a desenvolver a área de santidade diante do Senhor, pedindo sua graça e força; e caminhar com a igreja para crescer nas áreas de doutrina, oração, boas obras e proclamação. Reforço que todos esses atos devem se originar pela sã doutrina e pelos ensinamentos bíblicos regulares sobre a importância de nossas convicções bíblicas.

Apêndice

O fortalecimento

Conforme a leitura dos capítulos anteriores, aprendemos com Paulo a sua abordagem nas igrejas de Éfeso, Corinto e Tessalônica. O padrão acentua a revitalização ao redor de quatro ações, visando o fortalecimento da igreja local: ensinar a Palavra, orar por eles e com eles, pastorear seus corações e mobilizá-los para se envolverem com a missão. Assim, quatro palavras resumem esse método, ajudando as igrejas locais a florescer: ensinar, orar, pastorear e mobilizar.

Lembre-se de que Paulo tinha em mente a realidade de cada igreja. Ele conhecia os problemas e desafios. Ele tratou especificamente as áreas que precisam ser esclarecidas, encorajadas e transformadas, e usou diferentes maneiras e abordagens, contudo, em geral, parece que essas citadas foram centrais.

Ensinando a Palavra. Não um ensino geral, mas especificamente sobre as áreas fracas da igreja, onde a igreja apresentava baixa vitalidade.

Orando por eles e com eles. Pedir a intervenção de Deus nos locais enfraquecidos e convidando-os a crer que o Senhor responde a orações.

Pastoreando seus corações. Especialmente se houver problemas relacionais e morais, ou falta de confiança em Jesus Cristo, a abordagem mais efetiva será uma orientação pastoral específica.

Mobilizando para a missão. O sublime propósito da igreja deve ser evidenciado: compartilhar o evangelho e levar pessoas a Jesus, glorificando o nome de Deus.

Minha sugestão, portanto, é investir tempo de oração nas áreas mais enfraquecidas da igreja local, com a iniciativa da liderança, a fim de elaborar um plano de ação visando o fortalecimento espiritual.

O plano de ação

De forma simples, o raciocínio é que todo plano de ação deve responder a quatro perguntas: o quê fazer? Quem fará? Quando será feito? e qual o resultado esperado? Sem a resposta a estas quatro perguntas, é provável que o plano de ação não sobreviva.

Inicialmente, é necessário uma visão definida. A visão determina o rumo, as prioridades, as estratégias e as ações. Ausente essa perspectiva demarcada, os planos frustram na caminhada, morrem de forma precoce ou produzem grandes frutos, mas em áreas secundárias. Nesse caso, a visão geral é aspirar ao fortalecimento no Senhor Jesus, considerando a realidade diagnosticada por meio do processo de avaliação.

Em segundo lugar, traduza a visão em alvos, estratégias e ações. Um roteiro simples e prático envolve quatro partes: visão, alvos, estratégias e ações, nesta ordem. Visão é aquilo que você alcançar ao fim do projeto. Alvos são os objetivos que permitem a concretização da visão e são normalmente divididos em gerais e particulares. As estratégias são os meios de se atingir os alvos. As ações são a implementação das estratégias.

Portanto, ao fim do processo de avaliação da igreja local, algumas perguntas precisam ser respondidas para que você tenha um bom plano de ação em mãos. Veja abaixo:

1. Qual é a vitalidade da igreja nas áreas observadas? (Vitalidade baixa, média ou alta)
   - Doutrina
   - Adoração
   - Comunhão
   - Oração
   - Santidade
   - Boas obras
   - Proclamação

2. Tendo em mente a vitalidade diagnosticada em cada área observada, como você descreveria a possibilidade e motivação da igreja para se envolver em um processo intencional de busca de fortalecimento espiritual?

3. Ao ponderar sobre as principais ações de fortalecimento espiritual em igrejas locais efetivadas pelo apóstolo Paulo (ensino, oração, pastoreio e mobilização), quais são as pessoas que podem se envolver com tais passos na igreja local?

4. Havendo clareza sobre o diagnóstico da igreja e o potencial de busca por fortalecimento em Cristo Jesus por meio do ensino, oração, pastoreio e mobilização, como poderia ser construído um plano de ação?

5. Considerando que um plano de ação precisa responder de forma clara e objetiva as quatro perguntas abaixo, como ele pode ser estruturado para, no temor e dependência do Senhor, esperarmos o fortalecimento da igreja local?

- O que fazer?
- Quem fará?
- Quando será feito?
- Qual o resultado esperado?

A tabela a seguir é um exemplo de um plano de ação em relação à um ponto fraco na igreja local, a doutrina. Os nomes são fictícios.

Diagnóstico: a avaliação indicou uma baixa compreensão e convicção sobre os principais pilares da fé entre a maioria dos membros da igreja local.

Apêndice

PLANO DE AÇÃO			
O QUE FAZER?	**QUEM FARÁ?**	**QUANDO SERÁ FEITO?**	**QUAL O RESULTADO ESPERADO?**
Ensino Iniciaremos o ensino bíblico sobre os principais pilares da fé com base na exposição bíblica da carta aos Romanos; e utilizaremos dois livros para o estudo da doutrina bíblica junto à igreja: 'O conhecimento das Escrituras' de R. C. Sproul; e 'Fundamentos da teologia reformada' de Herminsten Maia.	**Ensino** Os líderes da Igreja, o pastor Roberto e os presbíteros Alexandre e Gabriel, durante as principais reuniões da igreja às quartas feiras e domingos; também, todos os cinco líderes de pequenos grupos em suas reuniões e o departamento infantil sob a coordenação da irmã Maria.	**Ensino** Reuniões semanais da igreja às quartas-feiras; reuniões semanais de pequenos grupos. Primeiro culto dominical do mês, adulto e infantil. (Tudo por um período de seis meses)	**Resultado 1** Os membros da igreja crescerão em sua compreensão e convicção das Escrituras Sagradas. Os membros da igreja compreenderão as principais doutrinas bíblicas e poderão explicá-las com convicção e clareza.
Oração Conduziremos a igreja a orar para que Deus a ajude a crescer na compreensão e convicção sobre os principais pilares bíblicos da fé.	**Oração** Todas as pessoas.	**Oração** Durante todas as reuniões e em casa, em família.	**Resultado 2** Os membros da igreja se tornarão mais maduros em suas convicções bíblicas, vidas espirituais e relacionamentos pessoais.

Pastoreio	Pastoreio	Pastoreio	Resultado 3
Ajudaremos aqueles que têm dúvidas sobre a sua fé, especialmente os mais jovens e novos na vida com Cristo.	Líderes da igreja e líderes de pequenos grupos.	Encontros mensais informais com os jovens, em pequenos grupos, para diálogo e incentivo.	Os membros da igreja poderão explicar e defender sua fé em qualquer contexto.
Mobilização	**Mobilização**	**Mobilização**	**Resultado 4**
Desafiaremos a igreja a abordar outros na universidade, escritórios e círculos familiares com um evangelismo ativo, a partir do que crê nas Sagradas Escrituras. Desafiaremos a igreja a se envolver com os não alcançados em locais distantes.	Todos, em seus ambientes de vida, trabalho e estudo. Investimento pastoral nos vocacionados da igreja para a obra missionária, encorajamento, treinamento e envio.	Em qualquer oportunidade, no encontro com os vizinhos, no ambiente de estudos e trabalho. Também trazendo amigos aos cultos para ouvirem o evangelho de Cristo. Enviando missionários para que outros povos conheçam e adorem a Cristo.	Pessoas serão evangelizadas e, pela graça de Deus, virão a Jesus. Cristãos serão encorajados em sua fé e a igreja irá florescer. Povos conhecerão o evangelho e a igreja cumprirá a sua missão.